MIX
Papier aus verantwortungsvollen Quellen
Paper from responsible sources
FSC® C105338

Klaus Heinicke

Sozialisationscontrolling

So gelingt die Integration neuer Mitarbeiter

Diplomica Verlag GmbH

Heinicke, Klaus: Sozialisationscontrolling: So gelingt die Integration neuer Mitarbeiter.
Hamburg, Diplomica Verlag GmbH 2013

Buch-ISBN: 978-3-8428-8431-1
PDF-eBook-ISBN: 978-3-8428-3431-6
Druck/Herstellung: Diplomica® Verlag GmbH, Hamburg, 2013

Bibliografische Information der Deutschen Nationalbibliothek:
Die Deutsche Nationalbibliothek verzeichnet diese Publikation in der Deutschen Nationalbibliografie; detaillierte bibliografische Daten sind im Internet über http://dnb.d-nb.de abrufbar.

Das Werk einschließlich aller seiner Teile ist urheberrechtlich geschützt. Jede Verwertung außerhalb der Grenzen des Urheberrechtsgesetzes ist ohne Zustimmung des Verlages unzulässig und strafbar. Dies gilt insbesondere für Vervielfältigungen, Übersetzungen, Mikroverfilmungen und die Einspeicherung und Bearbeitung in elektronischen Systemen.

Die Wiedergabe von Gebrauchsnamen, Handelsnamen, Warenbezeichnungen usw. in diesem Werk berechtigt auch ohne besondere Kennzeichnung nicht zu der Annahme, dass solche Namen im Sinne der Warenzeichen- und Markenschutz-Gesetzgebung als frei zu betrachten wären und daher von jedermann benutzt werden dürften.

Die Informationen in diesem Werk wurden mit Sorgfalt erarbeitet. Dennoch können Fehler nicht vollständig ausgeschlossen werden und die Diplomica Verlag GmbH, die Autoren oder Übersetzer übernehmen keine juristische Verantwortung oder irgendeine Haftung für evtl. verbliebene fehlerhafte Angaben und deren Folgen.

Alle Rechte vorbehalten

© Diplomica Verlag GmbH
Hermannstal 119k, 22119 Hamburg
http://www.diplomica-verlag.de, Hamburg 2013
Printed in Germany

Inhaltsverzeichnis

1. Einleitung 1
   - 1.1 Problemstellung 1
   - 1.2 Zielsetzung 2
2. **Theoretische Grundlagen** 4
   - 2.1 Sozialisation 4
     - 2.1.1 Die Begriffe Sozialisation und Organisationale Sozialisation 4
     - 2.1.2 Erklärungsansätze für Organisationale Sozialisation 5
       - 2.1.2.1 Die stufenweise Sozialisation 5
       - 2.1.2.2 Sozialisationstaktiken 8
       - 2.1.2.3 Kognitive Prozesse und Proaktivität 12
       - 2.1.2.4 Sozialisationslernen und -inhalte 14
     - 2.1.3 Einflussfaktoren auf den Sozialisationsprozess 17
       - 2.1.3.4 Biographische Einflussfaktoren 17
       - 2.1.3.2 Persönlichkeitseigenschaften 18
       - 2.1.3.3 Organisationale Einflussfaktoren 19
       - 2.1.3.4 Der Einfluss von Erwartungen, sozialer Unterstützung und Rollenkonflikten 21
     - 2.1.4 Akteure im Sozialisationsprozess und ihre Rollen 24
       - 2.1.4.1 Die Personalabteilung 24
       - 2.1.4.2 Die Führungskraft 24
       - 2.1.4.3 Die Kollegen/ die Arbeitsgruppe 25
       - 2.1.4.5 Außerorganisatorische Bezugspersonen 26
   - 2.2 Controlling und Personalcontrolling 27
3. **Untersuchungsrahmen** 29
   - 3.1 Mentales Modell 29
   - 3.2 Methodik 32
4. **Instrument des Sozialisationscontrollings** 34
   - 4.1 Phase 1: Vor dem Eintritt 34
     - 4.1.1 Inhalte 34
     - 4.1.2 Maßnahmen 36
       - 4.1.2.1 Steuerung 36

4.1.2.2 Information und Kontrolle 38
4.1.3 Aktivierung.. 40
4.1.4 Erfolgsbeitrag 41

4.2 Phase 2: Anfangszeit 41
    4.2.1 Inhalte.. 41
    4.2.2 Maßnahmen 44
        4.2.2.1 Steuerung.. 44
        4.2.2.2 Information und Kontrolle 49
    4.2.3 Aktivierung.. 50
    4.2.4 Erfolgsbeitrag 51

4.3 Phase 3: Integration 52
    4.3.1 Inhalte.. 52
    4.3.2 Maßnahmen 54
        4.3.2.1 Steuerung.. 54
        4.3.2.2 Information und Kontrolle 56
    4.3.3 Aktivierung.. 60
    4.3.4 Erfolgsbeitrag 62

5. Ergebnisse 63

5.1 Zusammenfassung 63

5.2 Limitationen 65

5.3 Implikationen für die Praxis 65

5.4 Implikationen für die Forschung 66

5.5 Ausblick 67

Literaturverzeichnis 68

Anhang i

1. Einleitung

1.1 Problemstellung

Jedes Jahr treten Millionen von Arbeitnehmern ihre erste Stelle an oder wechseln ihren Arbeitsplatz.[1] Für die Auswahl neuer Mitarbeiter werden in der Praxis oft weder Kosten noch Mühen gescheut. So zahlen Unternehmen viel Geld für Personalberater, professionelles Personalmarketing oder ausführliche Tests, um die „richtigen" Mitarbeiter zu finden. In Anbetracht dieser Kosten erscheint es logisch, dass ein Unternehmen daran interessiert sein müsste, die neuen Mitarbeiter möglichst lange an sich zu binden. Dennoch wird dem Sozialisationsprozess in der Praxis erstaunlicherweise nur wenig Beachtung geschenkt. So verpassen viele Organisationen die schnelle und reibungsarme Eingliederung der Newcomer in ihrem neuen Arbeitsumfeld.[2] Diese gewinnt besonders durch den technischen Fortschritt und die veränderte Arbeitsmarktsituation immer mehr an Bedeutung. Durch die Veränderungen von Arbeitsinhalten und -bedingungen ergibt sich für viele Arbeitnehmer die Notwendigkeit vom einen oder anderen Arbeitsplatzwechsel, so dass sie in der Regel öfter als nur einmal „die Neuen" in einem Unternehmen sind. Aus diesem Grund kommt es zwangsläufig vermehrt zu Eingliederungs- und Sozialisationsprozessen.[3]

Die Zeit kurz nach dem Eintritt in eine neue Organisation wird häufig als besonders stressige Zeit mit vielen Unsicherheiten für Neulinge beschrieben.[4] Man sollte also davon ausgehen können, dass es sinnvoll ist, den Neuen in dieser Phase Hilfestellungen in Form von Eingliederungsstrategien anzubieten, da während des ersten Jahres die höchsten Fluktuationsraten vorzufinden sind.[5] Die Kosten solch einer Fluktuation belaufen sich in der Regel auf 50-200% des Jahresgehalts, je nach Qualifikation. Andere Schätzungen gehen von 17.500 Euro für qualifizierte

---

[1] Vgl. *Berthel, Jürgen/Becker, Fred G.*, Personal-Management. Grundzüge für Konzeptionen betrieblicher Personalarbeit, Stuttgart (Schäffer-Poeschel) 8.Aufl. 2007, 278.
[2] vgl. *Kieser, Alfred et al.*, Die Einführung neuer Mitarbeiter in das Unternehmen, Neuwied (Kommentator) 2.Aufl. 1990, 1; *Rehn, Marie-Luise*, Die Eingliederung neuer Mitarbeiter. Eine Längsschnittstudie zur Anpassung an Normen und Werte der Arbeitsgruppe, München-Mering (Hamp) 1990, 2.
[3] Vgl. *Rehn, Marie-Luise*, Die Eingliederung neuer Mitarbeiter. Eine Längsschnittstudie zur Anpassung an Normen und Werte der Arbeitsgruppe, München-Mering (Hamp) 1990, 1-2; *Schanz, Günther*, Personalwirtschaftslehre, Vahlen (München) 2.Aufl. 1993, 330.
[4] Vgl. *Black, J. Stewart/ Ashforth, Susan J.*, Fitting In or Making Jobs Fit: Factors Affecting Mode of Adjustment of New Hires, in: Human Relations 48 (4/1995), 421-437, 423; *Porter, Lyman W./Lawler III, Edward E./Hackman, J. Richard*, Behavior in Organizations, Tokio et al. (McGraw-Hill) 1975, 173.
[5] Vgl. *Rehn, Marie-Luise*, Die Eingliederung neuer Mitarbeiter. Eine Längsschnittstudie zur Anpassung an Normen und Werte der Arbeitsgruppe, München-Mering (Hamp) 1990, 2-3; *Wanous, John Parcher*, Organizational Entry. Recruitment, Selection, Orientation, and Socialization of Newcomers, Reading etc. (Addison-Wesley) 2.Aufl. 1992, 6.

Facharbeiter und von 130.000 Euro für Führungskräfte aus.[6] Es muss also wieder ein neuer Mitarbeiter angeworben, ausgewählt, eingestellt und eingearbeitet werden. Außerdem ergibt sich daraus eine erhöhte Arbeitsbelastung für die anderen Mitarbeiter, Störungen der Arbeitsabläufe und die Notwendigkeit der erneuten Integration eines neuen Mitarbeiters.[7]

Es ist jedoch nicht immer der Fall, dass nicht-sozialisierte Mitarbeiter die Organisation sofort wieder verlassen. Ausgehend von einer frustrierenden Arbeitssituation, Führungsfehlern von Vorgesetzten oder Problemen in der Arbeitsgruppe kann es zum Phänomen der „inneren Kündigung" kommen, welches Einschätzungen nach bei ca. 1/3 aller Arbeitnehmer in Deutschland vorliegt.[8] Dabei bleiben die Mitarbeiter dem Unternehmen mit einer geringen Identifikation gegenüber Organisation und Aufgaben, unzufrieden und mit geringer Motivation erhalten. Die Folge ist, dass sie ihre Potentiale nicht ausschöpfen, schlechtere Leistungen vollbringen und vielleicht sogar das Betriebsklima stören. Dieses Ergebnis des Sozialisationsprozesses sollte aber weder für die Organisation noch für den Mitarbeiter erstrebenswert sein.[9]

1.2 Zielsetzung

Es finden sich in der Literatur bereits einige Arbeiten über Maßnahmen zur Integration neuer Mitarbeiter, andere Arbeiten beschäftigen sich mit dem Sozialisationsprozess. In diesem Buch sollen beide Aspekte integriert werden und sowohl, je nach Sozialisationsphase, Handlungsempfehlungen zur Erleichterung des Prozesses, als auch eine Möglichkeit zur sukzessiven Kontrolle über den Sozialisationsprozess neuer Mitarbeiter gegeben werden. Daraus soll ein Sozialisationscontrollinginstrument entstehen, welches Unternehmen bei der Steuerung und Kontrolle des Sozialisationsprozesses neuer Mitarbeiter unterstützt. Aufgrund der häufig misslingenden Sozialisation neuer Mitarbeiter in der Praxis sollte das Sozialisationscontrolling als Investition verstanden werden, mit der die anfallenden Kosten für Frühfluktuationen und die innere Kündigung von Newcomern reduziert und zufriedene Mitarbeiter mit hoher Bindung an das Unternehmen

---

[6] Vgl. *Berthel, Jürgen/Becker, Fred G.*, Personal-Management. Grundzüge für Konzeptionen betrieblicher Personalarbeit, Stuttgart (Schäffer-Poeschel) 8.Aufl. 2007, 276; *Kieser, Alfred et al.*, Die Einführung neuer Mitarbeiter in das Unternehmen, Neuwied (Kommentator) 2.Aufl. 1990, 1-2.
[7] Vgl. *Berthel, Jürgen/Becker, Fred G.*, Personal-Management. Grundzüge für Konzeptionen betrieblicher Personalarbeit, Stuttgart (Schäffer-Poeschel) 8.Aufl. 2007, 276; *Rehn, Marie-Luise*, Die Eingliederung neuer Mitarbeiter. Eine Längsschnittstudie zur Anpassung an Normen und Werte der Arbeitsgruppe, München-Mering (Hamp) 1990, 3.
[8] Vgl. *Brinkmann, Ralf D./Stapf, Kurt H.*, Die Innere Kündigung aus der Sicht von Arbeitnehmern, in: Personal 53 (12/2001), 688-693, 689.
[9] Vgl. *Kieser, Alfred et al.*, Die Einführung neuer Mitarbeiter in das Unternehmen, Neuwied (Kommentator) 2.Aufl. 1990, 2; *Ostroff, Cheri/Kozlowski, Steve W. J.*, Organizational Socialization as a Learning Process: The Role of Information Acquisition, in: Personnel Psychology 45 (4/1992), 849-874, 854.

sozialisiert werden. Dadurch ist das Sozialisationscontrolling nicht nur ein sinnvolles Instrument für Unternehmen mit einer hohen Fluktuationsrate, sondern hilft allen Unternehmen bei der erfolgreichen Sozialisation neuer Mitarbeiter.

Dabei soll den Unternehmen genau aufgezeigt werden, welche Maßnahmen zur Steuerung und Kontrolle in den jeweiligen Phasen des Sozialisationsprozesses anzuwenden sind, damit die Wahrscheinlichkeit einer erfolgreichen Sozialisation neuer Mitarbeiter erhöht wird. Aufgrund der Kontrolle des Prozesses können problematische Sozialisationsverläufe erkannt und Interventionen eingeleitet werden. Durch die Durchführung des Sozialisationscontrollings mit seinen Maßnahmen soll der neue Mitarbeiter, neben den bereits oben genannten Vorteilen, die genaue Definition seiner Position und seine Rolle im Unternehmen kennen lernen (Rollenklarheit erlangen), alle fachlichen Qualifikationen und technischen Fertigkeiten zur Ausübung der Stelle erlernen (fachliche Integration), soziale Beziehungen aufbauen und sich in die Arbeitsgruppe integrieren (soziale Integration), Werte und Normen der Organisation verinnerlichen und die herausfordernden Aufgaben motiviert angehen.

Doch bevor dieses Instrument in Punkt vier der Gliederung ausführlich erläutert wird, soll dem Leser zunächst ein Überblick über die theoretischen Grundlagen zur Organisationalen Sozialisation in Gliederungspunkt zwei verschafft werden.

2. Theoretische Grundlagen

2.1 Sozialisation

2.1.1 Die Begriffe Sozialisation und Organisationale Sozialisation

Der Begriff Sozialisation wird von *Hurrelmann* als der „Prozess der Entwicklung der Persönlichkeit in produktiver Auseinandersetzung mit den natürlichen Anlagen, insbesondere den körperlichen und psychischen Grundmerkmalen und mit der sozialen und physikalischen Umwelt" definiert.[10] Unter Sozialisation kann ebenfalls „das Lernen von gesamtgesell-schaftlichen Werten, Normen, Verhaltensrichtlinien und der Erwerb von kulturell relevanten Fertigkeiten" verstanden werden.[11] Als wichtigste Bedingungsfaktoren für Sozialisation gelten Familie, Schule, Freunde, Peergruppen und die Medien.[12] Es kommt jedoch nicht nur in Gesellschaften zu Sozialisationsprozessen, sondern auch in Organisationen. Auch hier müssen sich die Neueinsteiger in einem neuen sozialen Milieu einleben und die Normen und Werte der Gruppe erlernen.[13] So verstehen *Van Maanen* und *Schein* (1979) unter Organisationaler Sozialisation „the process by which an individual acquires the social knowledge and skills necessary to assume an organizational role"[14] und *Fisher* (1985) „the process by which individuals outside the organization become fully adjusted insiders".[15] Es handelt sich um den Prozess, bei dem sich neue Mitarbeiter an ihre neue Arbeitsstelle und ihre Rolle in der Organisation anpassen.[16] Dabei führt der Sozialisationsprozess zu einer „Anpassung an die Normen und Werte einer bestimmten Organisation durch einen Lernprozess" und den Übergang von einem Neuling in ein vollwertiges Organisationsmitglied.[17]

Unter Organisationaler Sozialisation ist durchaus ein wechselseitiger Anpassungsprozess zwischen Neuling und Organisation zu verstehen[18], in diesem Buch wird jedoch zwischen Sozia-

---

[10] Vgl. *Hurrelmann, Klaus*, Einführung in die Sozialisationstheorie, Weinheim-Basel (Beltz) 8.Aufl. 2002, 7.
[11] Vgl. *Drescher, Peter*, Organisationale Sozialisation. Eine Studie über das Wohlbefinden von Berufseinsteigern, Münster-New York (Waxmann) 1993, 5.
[12] Vgl. *Veith, Hermann*, Sozialisation, München-Basel (Ernst Reinhardt) 2008, 7.
[13] Vgl. *Fogarty, Timothy J./Dirsmith, Mark W.*, Organizational Socialization as Instrument and Symbol: An Extended Institutional Theory Perspective, in: Human Resource Development Quarterly 12 (3/2001), 247-266, 247.
[14] Vgl. *Van Maanen, John/Schein, Edgar H.*, Toward a Theory of Organizational Socialization, in: *Staw, B. M.* (Hrsg.), Research in Organizational Behavior 1, Greenwich-Conneticut (JAI Press) 1979, 209-264, 211.
[15] Vgl. *Fisher, Cynthia D.*, Social Support and Adjustment to Work: A Longitudinal Study, in: Journal of Management 11 (3/1985), 39-53, 39.
[16] Vgl. *Chao, Georgia T. et al.*, Organizational Socialization: Its Content and Consequences, in: Journal of Applied Psychology 79 (5/1994), 730-743, 730.
[17] Vgl. *Rehn, Marie-Luise*, Die Eingliederung neuer Mitarbeiter. Eine Längsschnittstudie zur Anpassung an Normen und Werte der Arbeitsgruppe, München-Mering (Hamp) 1990, 7.
[18] Vgl. *Drescher, Peter*, Organisationale Sozialisation. Eine Studie über das Wohlbefinden von Berufseinsteigern, Münster-New York (Waxmann) 1993, 6.

lisation und Personalisation unterschieden. Organisationale Sozialisation beschreibt die Anpassung der Neuen an die Organisation, Personalisation hingegen betrachtet die Veränderung der Organisation durch den Einfluss des Neuen. Personalisation findet jedoch in der Regel eher selten statt, da Neulinge in Unternehmen meist nur in geringer Anzahl vorkommen und dabei in ein bereits bestehendes System mit Werten und Normen eintreten. Durch die neue Situation und die Unsicherheit ist es sehr viel wahrscheinlicher, dass sich die Neulinge an die Organisation anpassen als umgekehrt.[19]

Bei der Organisationalen Sozialisation handelt es sich um einen langwierigen Prozess, der nicht nur Neulinge, sondern auch ältere Mitarbeiter betrifft. In den letzten Jahrzehnten hat die Forschung zur Organisationalen Sozialisation einen großen Fortschritt erreicht.[20] Dabei ist es zu einigen Erklärungsansätzen gekommen, welche im Folgenden ausführlich erläutert werden, da sie elementar für die Konzeption des Sozialisationscontrollinginstruments sind. In der Klassifikation der Ansätze lehne ich mich an die Unterteilung von *Morrison* (1993) an. Sie unterscheidet dabei zwischen Stufenmodellen, Sozialisationstaktiken und Kognitiven Prozessen.[21] Des Weiteren werde ich neuere Ansätze zur Proaktivität von Newcomern sowie zum Sozialisationslernen und zu -inhalten erläutern.

2.1.2 Erklärungsansätze für Organisationale Sozialisation

2.1.2.1 Die stufenweise Sozialisation

In der Vergangenheit wurden mehrere Modelle veröffentlicht, welche die Prozessstufen der Sozialisation beschreiben, durch die ein Neuling in einer Organisation gehen muss.[22] Die meisten von ihnen stammen aus dem Zeitraum zwischen 1967-1981. Nach *Morrison* konzentrieren sich diese Modelle auf „the stages through which newcomers pass as they move from outsider to insider".[23]

---

[19] Vgl. *Wanous, John Parcher*, Organizational Entry. Recruitment, Selection, Orientation, and Socialization of Newcomers, Reading etc. (Addison-Wesley) 2.Aufl. 1992, 187.
[20] Vgl. *Taormina, Robert J.*, Convergent validation of two measures of organizational socialization, in: International Journal of Human Resource Management 15 (1/2004), 76-94, 76-77.
[21] Vgl. *Morrison, Elizabeth W.*, Longitudinal Study of the Effects of Information Seeking on Newcomer Socialization, in: Journal of Applied Psychology 78 (2/1993) 173-183, 173.
[22] Vgl. *Blau, Gary*, An Investigation of the Apprenticeship Organizational Socialization Strategy, in: Journal of Vocational Behavior 32 (2/1988), 176-195, 177.
[23] Vgl. *Morrison, Elizabeth W.*, Newcomer Information Seeking: Exploring Types, Modes, Sources, and Outcomes, in: Academy of Management Journal 36 (3/1993), 557-589, 557.

Gemeinsam ist all diesen Modellen, dass der Integrationsprozess in eine Organisation in zeitlich und inhaltlich aufeinanderfolgenden Phasen stattfindet, von denen keine Phase übersprungen werden kann (außer bei Ausstritt des Neuen aus der Organisation). Die Stufenmodelle unterscheiden sich jedoch hinsichtlich des Zeitpunktes, ab dem der Sozialisationsprozess beginnt, sowie dem Zeitpunkt, an dem der Organisationale Sozialisationsprozess als abgeschlossen gilt.[24] So beginnt bei einigen Modellen der Sozialisationsprozess erst mit dem Eintritt in die Organisation (z.B. *Buchanan* 1974, *Graen* 1976, *Schein* 1978, *Wanous* 1980), bei anderen beginnt dieser Prozess bereits vor dem Eintritt in die Organisation (z.B. *Porter/Lawler/Hackman* 1975, *Feldman* 1976, *Van Maanen* 1976). Eine Besonderheit in der Zeitraumdarstellung stellt der Ansatz von *Buchanan* (1974) dar, der mit der Zeit nach dem fünften Jahr eine Spätsozialisationsphase ernennt.[25] Außerdem gibt es dreistufige (z.B. *Buchanan* 1974, *Porter et al.* 1985, *Feldman* 1976) und vierstufige Modelle (z.B. *Kieser et al.* 1985, *Wanous* 1980). Im Folgenden werden einige Ansätze zu den Stufenmodellen der Sozialisation zusammenfassend dargestellt:

Einige Stufenmodelle zur Sozialisation beginnen bereits vor dem Eintritt des neuen Mitarbeiters in die Organisation mit einer Vorphase, die mit den Begriffen „Prearrival" (*Porter/Lawler/Hackman* 1975), „Getting in" oder „Anticipatory Socialization" (*Feldman* 1976) bzw. als „Antizipatorische Sozialisation" (*Kieser et al.* 1985) beschrieben werden kann. Bereits vor dem Eintritt in die Organisation haben die Neuen auf ihrem vorherigen Weg (in Familie, Kindergarten, Schule etc.) gesellschaftliche Werte und Normen sowie persönliche Eigenschaften ausgebildet. Durch die Ausübung einer ähnlichen beruflichen Tätigkeit kann der Neue auch schon Erfahrungen mit den inhaltlichen Anforderungen seines Berufs erworben haben, was ihm im Sozialisationsprozess hilfreich sein sollte. Aufgrund dieser Werte und Normen sowie der bereits gemachten Erfahrungen bilden sich Erwartungen des Neuen an seine Arbeitsstelle aus, die eine tragende Rolle für die Sozialisation spielen (dazu mehr in 2.1.3.4).[26] *Feldman* spricht in dieser Phase von zwei Prozessvariablen, die den späteren Verlauf der Sozialisation in der Organisation beeinflussen: zum Einen den Realismus, mit dem sich der Neue und die Organisation gegenseitig

---

[24] Vgl. *Drescher, Peter*, Organisationale Sozialisation. Eine Studie über das Wohlbefinden von Berufseinsteigern, Münster-New York (Waxmann) 1993, 19-21.
[25] Vgl. Vgl. *Buchanan II, Bruce*, Building Organizational Commitment: The Socialization of Managers in Work Organizations, in: Administrative Science Quarterly 19 (4/1974), 537-546, 537-538.
[26] Vgl. *Kieser, Alfred et al.*, Die Einführung neuer Mitarbeiter in das Unternehmen, Neuwied (Kommentator) 2.Aufl. 1990, 6-8; *Porter, Lyman W./Lawler III, Edward E./Hackman, J. Richard*, Behavior in Organizations, Tokio et al. (McGraw-Hill) 1975, 163.

einschätzen und zum Anderen die Übereinstimmung individueller Bedürfnisse und Fähigkeiten des Neuen mit den Anforderungen und Möglichkeiten in der Organisation.[27]

Die Anfangsphase des Sozialisationsprozesses kann „Encounter" (*Porter/Lawler/Hackman* 1975), „Breaking in" oder „Accommodation" (*Feldman* 1976), „Confronting and accepting organizational reality" (*Wanous* 1980) bzw. „Konfrontation" (*Kieser et al.* 1985) genannt werden. In dieser Zeit kommt es zum Abgleich der Erwartungen mit dem tatsächlich Erlebten sowie zu Konflikten zwischen den eigenen Wünschen des Neuen bezüglich der Arbeit und dem Organisationsklima. Außerdem wird hier entdeckt, welche persönlichen Standpunkte bestätigt werden und welche nicht und inwieweit falsches Verhalten in der Organisation bestraft wird.[28] Darüber hinaus ist der Neue in dieser Phase mit hoher Unsicherheit und Stress konfrontiert, da er mehr oder minder große, positive oder negative Überraschungen erleben wird. Ob er eine starke Bindung an das Unternehmen ausbildet, hängt hauptsächlich vom Ausgang dieser Überraschungen ab. Auch der Führungskraft, der Arbeitsgruppe und den Werten der Organisation kommt in dieser Phase eine besondere Bedeutung zu: Der Führungskraft durch die Dosierung der Aufgaben, Unterstützung und durch Feedback; der Arbeitsgruppe durch die Integration des Neuen und die Vermittlung von Informationen und den Werten der Organisation durch die Bindewirkung („ich arbeite für eine tolle Organisation").[29]

Die dritte Phase des Sozialisationsprozesses kann als „Change and Acquisition" (*Porter/Lawler/Hackman* 1975), „Settling In" bzw. „Role Management" (*Feldman* 1976) oder „Einarbeitung" (*Kieser et al.* 1985) bezeichnet werden. Nun geht es für den Newcomer um die Entschlüsselung der Stellenanforderungen, um danach eine Lösungsstrategie für die Aufgaben der Position entwickeln zu können. Je stärker die Aufgabe strukturiert ist, desto leichter fällt dem Neuling auch die Entschlüsselung. Probleme treten in dieser Phase durch Rollenkonflikte auf. Ob der Neue mit diesen Rollenkonflikten zurechtkommt, hängt hauptsächlich von seiner Persönlichkeit und von der Bereitschaft der Kollegen zur Hilfestellung ab.[30] Des Weiteren lernt der Newcomer, welche Verhaltensweisen in der Organisation als passend empfunden werden und welche nicht. Eine Veränderung des Selbstbildes, der Beginn neuer sozialer Beziehungen und die Übernahme neuer Werte gehen mit dieser Stufe einher. Außerdem erreicht der Neuling in dieser Stufe,

---

[27] Vgl. *Feldman, Daniel Charles*, A Practical Program for Employee Socialization, in: Organizational Dynamics (2/1976), 64-80, 65-66; *Feldman, Daniel Charles*, The Role of Initiation Activities in Socialization, in: Human Relations 30 (11/1977), 977-990, 979.
[28] Vgl. *Wanous, John Parcher*, Organizational Entry. Recruitment, Selection, Orientation, and Socialization of Newcomers, Reading etc. (Addison-Wesley) 2.Aufl. 1992, 209.
[29] Vgl. *Kieser, Alfred et al.*, Die Einführung neuer Mitarbeiter in das Unternehmen, Neuwied (Kommentator) 2.Aufl. 1990, 17-29.
[30] Vgl. *Kieser, Alfred et al.*, Die Einführung neuer Mitarbeiter in das Unternehmen, Neuwied (Kommentator) 2.Aufl. 1990, 29-35.

durch das Meistern der Herausforderungen in dieser Zeit, ein erhöhtes Commitment in Bezug auf Arbeit und Organisation.[31] Am Ende dieser Phase ist aus dem Newcomer bei dreistufigen Modellen ein vollwertiges Mitglied geworden.

Einige Stufenmodelle weisen noch eine vierte Phase auf, die beispielsweise „Detecting signposts of successful socialization" (*Wanous* 1980) oder „Konfrontationsphase" (*Kieser et al.* 1985) genannt wird. In dieser Zeit wird in vierstufigen Modellen aus dem Newcomer ein vollwertiges Organisationsmitglied. Er weist nun eine große Zuverlässigkeit und ein stark ausgeprägtes organisationales Commitment auf. Neben einer hohen generellen Zufriedenheit und einer intrinsischen Arbeitsmotivation kommt es zum Senden von „Signalen" der beiderseitigen Akzeptanz von Neuling und Organisation.[32]

2.1.2.2 Sozialisationstaktiken

Während bei den Sozialisationsstufenmodellen eher der informelle Aspekt des organisationalen Sozialisationsprozesses im Vordergrund steht, wird bei den Sozialisationstaktiken bzw. -strategien der formelle Charakter des Sozialisationsprozesses aufgezeigt. Dabei sollen dem Neuen durch die Verwendung dieser Strategien u.a. fachliche Qualifikationen, soziale Normen, Verhaltensweisen, Einstellungen und Rollenmuster vermittelt werden.[33] Der Übergang vom Neuling in die Organisation soll also nicht zufällig, sondern innerhalb eines vorgegebenen Rahmens stattfinden.[34]

Obwohl es bereits vorher Ansätze zu Sozialisationstaktiken gab (z.B. *Wheeler* 1966, *Cogswell* 1968, *Porter et al.* 1975) werden in diesem Buch ausschließlich die Ansätze nach *Van Maanen* (1978) und *Van Maanen & Schein* (1979) und die Erweiterung von *Jones* (1986) beschrieben, da durch diese der Erklärungsansatz der Sozialisationsstrategie zur Organisationalen

---

[31] Vgl. *Porter, Lyman W./Lawler III, Edward E./Hackman, J. Richard*, Behavior in Organizations, Tokio et al. (McGraw-Hill) 1975, 165-167; *Wanous, John Parcher*, Organizational Entry. Recruitment, Selection, Orientation, and Socialization of Newcomers, Reading etc. (Addison-Wesley) 2.Aufl. 1992, 209.
[32] Vgl. *Kieser, Alfred et al.*, Die Einführung neuer Mitarbeiter in das Unternehmen, Neuwied (Kommentator) 2.Aufl. 1990, 35; *Wanous, John Parcher*, Organizational Entry. Recruitment, Selection, Orientation, and Socialization of Newcomers, Reading etc. (Addison-Wesley) 2.Aufl. 1992, 209.
[33] Vgl. *Rehn, Marie-Luise*, Die Eingliederung neuer Mitarbeiter. Eine Längsschnittstudie zur Anpassung an Normen und Werte der Arbeitsgruppe, München-Mering (Hamp) 1990, 43.
[34] Vgl. *Drescher, Peter*, Organisationale Sozialisation. Eine Studie über das Wohlbefinden von Berufseinsteigern, Münster-New York (Waxmann) 1993, 40-41.

Sozialisation in den Vordergrund gerückt und ein wichtiger Beitrag durch das Aufzeigen von Unterschieden in der Sozialisation von Kontext zu Kontext geleistet wurde.[35]

Der Ansatz nach *Van Maanen* (1978) und *Van Maanen & Schein* (1979) bietet sechs taktische Dimensionen: kollektiv vs. individuell, formal vs. informal, sequentiell vs. zufällig, fixiert vs. variabel, seriell vs. disjunktiv und investiv vs. divestitiv.[36] Durch diese sechs Faktoren wollen die Autoren Sozialisationserfahrungen aufzeigen, die auf Newcomer in einer Organisation zukommen können[37] und eine Theorie entwickeln, die vorhersagt, wie diese Taktiken auf die Reaktion des Neuen in seiner neuen Rolle wirken.[38]

Die erste Sozialisationsstrategie kann entweder dadurch geprägt sein, dass einer Gruppe von Neuen ein gemeinsamer Satz an Erfahrungen zuteil wird (kollektiv) oder dass jeder einzelne isoliert einen Satz an Erfahrungen vermittelt bekommt (individuell). Bei Sozialisationsstrategie zwei sieht die formale Variante eine Unterscheidung der Newcomer von den anderen Organisationsmitgliedern und eine individuell auf sie zugeschnitte Informationsvermittlung vor (z.B. Lehrlingssituation), während bei informalen Sozialisationsprozessen ein „on-the-job-training" innerhalb der Arbeitsgruppe stattfindet, also ohne besondere Behandlung der Neuen.[39] Es geht auf diesen beiden Ebenen also um den Kontext, in dem die Sozialisation stattfindet.

Die dritte und vierte Dimension beschäftigen sich mit dem Inhalt der Sozialisation.[40] Auf der dritten Dimension werden dem Neuen die Lerninhalte entweder schrittweise nach einem festen Einarbeitungsplan (sequentiell) oder aber zeitlich nicht festgelegt und nach Bedarf (zufällig) vermittelt. Ein fixierter Sozialisationsprozess liegt vor, wenn die einzelnen Phasen im Prozess zeitlich genau festgelegt sind. Bei variablen Sozialisationsprozessen besteht keine genaue Bestimmung, wann die nächste Stufe der Sozialisation erreicht ist.[41]

---

[35] Vgl. *Morrison, Elizabeth W.*, Longitudinal Study of the Effects of Information Seeking on Newcomer Socialization, in: Journal of Applied Psychology 78 (2/1993) 173-183, 173.
[36] Vgl. *Van Maanen, John/Schein, Edgar H.*, Toward a Theory of Organizational Socialization, in: http://dspace.mit.edu/bitstream/handle/1721.1/1934/SWP-0960-03581864.pdf?sequence=1, 1979, abgerufen am 18.12.2008, 37.
[37] Vgl. *Wanous, John Parcher*, Organizational Entry. Recruitment, Selection, Orientation, and Socialization of Newcomers, Reading etc. (Addison-Wesley) 2.Aufl. 1992, 221.
[38] Vgl. *Wanous, John Parcher/Colella, Adrienne*, Organizational Entry Research: Current Status and Future Directions, in: Ferris, Gerald R./Rowland, Kendrith M., Research in Personnel and Human Resources Management, Greenwich-London (Jai Press) 1989, 59-120, 101.
[39] Vgl. *Van Maanen, John/Schein, Edgar H.*, Toward a Theory of Organizational Socialization, in: http://dspace.mit.edu/bitstream/handle/1721.1/1934/SWP-0960-03581864.pdf?sequence=1, 1979, abgerufen am 18.12.2008, 38-44.
[40] Vgl. Vgl. *Wanous, John Parcher*, Organizational Entry. Recruitment, Selection, Orientation, and Socialization of Newcomers, Reading etc. (Addison-Wesley) 2.Aufl. 1992, 221-222.
[41] Vgl. *Van Maanen, John/Schein, Edgar H.*, Toward a Theory of Organizational Socialization, in: http://dspace.mit.edu/bitstream/handle/1721.1/1934/SWP-0960-03581864.pdf?sequence=1, 1979, abgerufen am 18.12.2008, 50-55.

Die letzten beiden Ebenen setzen sich mit dem sozialen Aspekt der Sozialisation auseinander.[42] Dabei kann der Sozialisationsprozess entweder seriell oder disjunktiv sein. Bei der seriellen Sozialisation kümmern sich erfahre Mitarbeiter aus den jeweiligen Bereichen als Vorbilder um ihre neuen, imitierenden Kollegen, während von den Neuen bei disjunktiver Sozialisation die Definition von völlig neuen Rollen ohne die Hilfe von Vorbildern verlangt wird. Auf der letzten Ebene können die persönlichen Eigenschaften entweder als sinnvoll für die Organisation anerkannt (investitiv) oder aber zerstört und neu (im Sinne der Organisation) geformt werden (divestitiv).[43]

Zusätzlich liefern *Van Maanen* und *Schein* drei verschiedene Reaktionstypen auf Organisationale Sozialisation: Der „Behüter" akzeptiert den Status quo und hinterfragt diesen in keiner Weise, der „Inhaltserneuerer" versucht die inhaltlichen und prozessualen Merkmale der Rolle zu verbessern und der „Rollenerneuerer" definiert die Rolle mit völlig neuem Inhalt, sowie neuen Normen und Zielen.[44] Der Neue wird den Autoren zufolge durch einen sequentiellen, variablen, seriellen und divestitiven Sozialisationsprozess zum Behüter, durch kollektiv, formal, zufällig, fixiert und disjunktiv ablaufende Sozialisation zum Inhaltserneuerer und durch individuelle, informale, zufällige, disjunktive und investitive Sozialisation zum Rollenerneuerer.[45]

Aufbauend auf der Theorie von *Van Maanen* und *Schein* fasst *Jones* (1986) kollektive, formale, sequentielle, fixierte, serielle und investitive Sozialisationsstrategien als institutionalisierte Sozialisation zusammen. Diese sollen die Unsicherheiten zu Beginn senken und die Neuen ermutigen, die bestehenden Rollen und Normen zu übernehmen.[46] Außerdem fördern sie eine traditionelle Rollenorientierung, mehr Zufriedenheit und eine größere Bindung an das Unternehmen.[47]

Auf der anderen Seite schließt er individuelle, informale, zufällige, variable, disjunktive und divestitive Sozialisationsstrategien als individualisierte Sozialisation zusammen. Diese

---

[42] Vgl. *Wanous, John Parcher*, Organizational Entry. Recruitment, Selection, Orientation, and Socialization of Newcomers, Reading etc. (Addison-Wesley) 2.Aufl. 1992, 222.
[43] Vgl. *Van Maanen, John/Schein, Edgar H.*, Toward a Theory of Organizational Socialization, in: http://dspace.mit.edu/bitstream/handle/1721.1/1934/SWP-0960-03581864.pdf?sequence=1, 1979, abgerufen am 18.12.2008, 59-64.
[44] Vgl. *Van Maanen, John/Schein, Edgar H.*, Toward a Theory of Organizational Socialization, in: http://dspace.mit.edu/bitstream/handle/1721.1/1934/SWP-0960-03581864.pdf?sequence=1, 1979, abgerufen am 18.12.2008, 30-32.
[45] Vgl. *Van Maanen, John/Schein, Edgar H.*, Toward a Theory of Organizational Socialization, in: http://dspace.mit.edu/bitstream/handle/1721.1/1934/SWP-0960-03581864.pdf?sequence=1, 1979, abgerufen am 18.12.2008, 68-69.
[46] vgl. *Saks, Alan M./Ashfort Blake E.*, Organizational Socialization: Making Sense of the Past and Present as a Prologue for the Future, in: Journal of Vocational Behavior 51 (2/1997), 234-279, 236.
[47] Vgl. *Jones, Gareth R.*, Socialization Tactics, Self-Efficacy, And Newcomers' Adjustments To Organizations, in: Academy of Management Journal 29 (2/1986), 262-279, 271-272.

dienen dazu den Status quo zu überdenken und neue Rollenverständnisse zu entwickeln.[48] Darüber hinaus sollen sie eher zu einer innovativen Rollenorientierung führen, aber auch das Erleben von Rollenkonflikten und Rollenambiguität verstärken.[49]

Empirisch untersucht wurden die Auswirkungen von Sozialisationstaktiken beispielsweise von *Cabel* und *Parsons* (2001). Die Ergebnisse ihrer Studie zeigen, dass Neulinge, die eine sequentielle und fixe Sozialisationstaktik erleben einen größeren person-organization fit (Übereinstimmung von organisationalen Werten mit den persönlichen Werten des Mitarbeiters[50]) wahrnehmen als die Neulinge, die eine zufällige und variable Sozialisationspraktik erfahren. Auch eine serielle und investitive Taktik erhöht den wahrgenommenen person-organization fit. Des Weiteren konnte ein Wertewandel in Richtung der Organisationswerte bei den Probanden mit sequentieller und fixer sowie bei Probanden mit serieller und investitiver Taktik nachgewiesen werden.[51] *Wanberg* und *Kammeyer-Mueller* (2000) fassen für formale Sozialisationstaktiken geringe Rollenambiguität, weniger Rollenkonflikte und Stress, eine höhere Arbeitszufriedenheit und eine geringe Fluktuationsneigung zusammen.[52] In ihrer Untersuchung bewiesen *Mignerey, Rubin* und *Gordon* (1995) ein Einhergehen von institutionalisierten Sozialisationspraktiken mit geringerer Rollenambiguität, weniger Rollenkonflikten und einem höheren organisationalen Commitment. Individualisierte Sozialisationstaktiken führen hingegen zu mehr Rolleninnovation.[53] Die Ergebnisse der Studie von *Cooper-Thomas* und *Anderson* (2002) zeigen einen positiven Zusammenhang von institutionalisierten Sozialisationstaktiken mit der Akquisition von Informationen. Des Weiteren führen diese auch hier zu höherer Arbeitszufriedenheit und einem stärkeren organisationalem Commitment. Zuletzt ist noch zu erwähnen, dass Sozialisationstaktiken besonders in der Anfangsphase (erster Monat) wirken und ihr Einsatz dann mit der Zeit an Wirkung verliert.[54]

---

[48] vgl. *Saks, Alan M./Ashfort Blake E.*, Organizational Socialization: Making Sense of the Past and Present as a Prologue for the Future, in: Journal of Vocational Behavior 51 (2/1997), 234-279, 236
[49] Vgl. *Jones, Gareth R.*, Socialization Tactics, Self-Efficacy, And Newcomers' Adjustments To Organizations, in: Academy of Management Journal 29 (2/1986), 262-279, 271-272.
[50] Vgl. *Chatman, Jennifer A.*, Matching People and Organizations: Selection and Socialization in Public Accounting Firms, in: Administrative Science Quarterly 36 (3/1991), 459-484, 459.
[51] Vgl. *Cable, Daniel M./Parsons Charles K.*, Socialization Tactics and Person-Organization Fit, in: Personnel Psychology 54 (1/2001), 1-23, 14-15.
[52] Vgl. *Wanberg, Connie R./Kammeyer-Mueller, John D.*, Predictors and Outcomes of Proactivity in the Socialization Process, in: Journal of Applied Psychology 85 (3/2000), 373-385, 373.
[53] Vgl. *Mignerey, James T./Rubin Rebecca B./Gordon, William I.*, Organizational Entry: An Investigation of Newcomer Communication Behavior and Uncertainty, in: Communication Research 22 (2/1995), 54-85, 77-78.
[54] Vgl. *Cooper-Thomas, Helena/Anderson, Neil*, Newcomer adjustment: The Relationship between organizational socialization tactics, information acquisition and attitudes, in: Journal of Occupational and Organizational Psychology 75 (4/2002), 423-437, 427-431.

2.1.2.3 Kognitive Prozesse und Proaktivität

Im Bereich der kognitiven Prozesse gibt es zwei wesentliche Theorien: Die „Cognition and Sense-Making-Theory" und die „Uncertainty Reduction Theory". Diese beiden Ansätze konzentrieren sich im Gegenteil zu den Sozialisationsstufenmodellen und den Sozialisationstaktiken auf die Neulinge selbst[55] und behandeln die Wahrnehmung und Interpretation der neuen Umgebung durch die Newcomer.[56]

Die „Cognition and Sense-Making-Theory" von auf *Louis* (1980) geht davon aus, dass Berufseinsteiger in ihrer Anfangszeit ständig Überraschungen erleben.[57] Sie klassifiziert 3 verschiedene Arten von Anfangserfahrungen: Change (Veränderung), Contrast (Kontrast) und Surprise (Überraschung). Change definiert die Autorin als objektive Differenz zwischen der alten und der neuen Umgebung (z.B. neue Adresse oder neues Gehalt). Unter Contrast versteht *Louis* einen subjektiv wahrgenommenen Unterschied, der nicht vorab bekannt ist (z.B. kann die neue Arbeitskleidung vom Neuen als Kontrast wahrgenommen werden). Die dritte Anfangserfahrung ist Surprise, welche als eine Differenz zwischen vorangegangenen Überlegungen des Neuen und der tatsächlichen Erfahrung definiert wird (z.B. das Bürofenster kann entgegen der Erwartungen nicht geöffnet werden).[58]

Das Sense-making beschreibt hierbei den Prozess, in dem die Neuen versuchen die anfänglichen Erfahrungen einzuordnen und ihnen einen Sinn zuzuordnen. Es handelt sich dabei um einen wiederkehrenden Zyklus. Die Neuen haben zu Beginn ihre Erwartungen, die dann später meist von den gemachten Erfahrungen abweichen. Die daraus resultierenden Überraschungen verlangen nach Erklärungen. Durch die Sinnzuschreibung der Situationen passen sich die Neulinge immer mehr an ihr Berufsumfeld an und verändern so auch ihre zukünftigen Erwartungen.[59]

Für den Prozess des Sense-making nutzen die Neulinge nach einer Studie von *Setton* (1997) eher Personen von innerhalb der Organisation (z.B. Vorgesetzten und Kollegen) als Personen von außerhalb (z.B. Familie und Freunde). Die Hilfe von innerhalb beim Sense-making

---

[55] Vgl. *Morrison, Elizabeth W.*, Longitudinal Study of the Effects of Information Seeking on Newcomer Socialization, in: Journal of Applied Psychology 78 (2/1993) 173-183, 173.
[56] Vgl. *Morrison, Elizabeth W.*, Newcomer Information Seeking: Exploring Types, Modes, Sources, and Outcomes, in: Academy of Management Journal 36 (3/1993), 557-589, 557.
[57] Vgl. *Louis, Meryl R.*, Surprise and Sense Making: What Newcomer Experience in Entering Unfamiliar Organizational Settings, in: Administrative Science Quarterly 25 (2/1980), 226-251, 226-227.
[58] Vgl. *Louis, Meryl R.*, Surprise and Sense Making: What Newcomer Experience in Entering Unfamiliar Organizational Settings, in: Administrative Science Quarterly 25 (2/1980), 226-251, 235-237.
[59] Vgl. *Louis, Meryl R.*, Surprise and Sense Making: What Newcomer Experience in Entering Unfamiliar Organizational Settings, in: Administrative Science Quarterly 25 (2/1980), 226-251, 241.

führt zu einer geringeren Fluktuationsneigung und einem höheren organisationalen Commitment, während die Sense-making-Hilfe von außen Fluktuationsneigung und Rollenambiguität steigert.[60] Neben dem Sense-making-Ansatz wird noch die Uncertainty Reduction Theory (kurz: URT) als sehr bedeutend angesehen.[61] Beim Eintritt in die Organisation erfahren neue Mitarbeiter demnach ein hohes Maß an Unsicherheiten. Aus diesem Grund sollte das Arbeitsumfeld möglichst vorhersehbar, verständlich und kontrollierbar gestaltet werden. Durch die Kommunikation mit Führungskraft und Kollegen werden den Neuen Informationen und Wissen vermittelt, die zur Reduktion der Unsicherheiten dienen. Des Weiteren können Unsicherheiten und Befürchtungen durch den Einsatz von Sozialisationsprogrammen vermindert werden.[62] *Morrison* konnte in ihrer Untersuchung (1993) zeigen, dass mit sinkender Unsicherheit bei den Newcomern ihre Zufriedenheit, Leistung und Bleibeabsicht steigen.[63]

Während die Newcomer in traditionellen Erklärungsansätzen als passive Faktoren im Sozialisationsprozess verstanden werden, stellt der Ansatz der Proaktivität den Neueinsteiger als aktiven Teilnehmer in die Mitte des Interesses.[64] Dadurch wird der Tatsache Rechnung getragen, dass neben der Organisation auch die Neueinsteiger selbst aktiv auf den Sozialisationsprozess einwirken können.[65] Proaktivität („die initiative Ergreifen, Status quo verbessern wollen"[66]) kann in drei Bereiche unterteilt werden: Positive framing (positive Interpretation des Umfeldes), Sensemaking (Informations- und Feedbacksuche) und Beziehungsaufbau.[67] In empirischen Studien konnte gezeigt werden, dass proaktives Verhalten im Sozialisationsprozess äußerst hilfreich sein kann. *Wanberg* und *Kammeyer-Mueller* (2000) konnten in ihrer Untersuchung herausfinden, dass Extrovertiertheit mit Feedbacksuche und Beziehungsaufbau positiv korreliert, wobei der Aufbau von Freundschaften einen positiven Einfluss auf soziale Integration, Rollenklarheit, Arbeitszu-

---

[60] Vgl. *Settoon, Randall P./Adkins, Cheryl L.*, Newcomer Socialization: The Role of Supervisors, Coworkers, Friends and Family Members, in: Journal of Business and Psychology 11 (4/1997), 507-516, 513.
[61] Vgl. *Saks, Alan M./Ashfort Blake E.*, Organizational Socialization: Making Sense of the Past and Present as a Prologue for the Future, in: Journal of Vocational Behavior 51 (2/1997), 234-279, 236.
[62] Vgl. *Falcione, Raymond L./Wilson, Charmaine E.*, Socialization Processes in Organizations, in: *Goldhaber, Gerald M./Barnett, George A.*, Handbook of Organizational Communication, Norwood-New Jersey (Ablex) 1988, 151-169, 156; *Saks, Alan M./Ashfort Blake E.*, Organizational Socialization: Making Sense of the Past and Present as a Prologue for the Future, in: Journal of Vocational Behavior 51 (2/1997), 234-279, 236.
[63] Vgl. *Morrison, Elizabeth W.*, Newcomer Information Seeking: Exploring Types, Modes, Sources, and Outcomes, in: Academy of Management Journal 36 (3/1993), 557-589, 579-580.
[64] Vgl. *Saks, Alan M./Ashfort Blake E.*, Organizational Socialization: Making Sense of the Past and Present as a Prologue for the Future, in: Journal of Vocational Behavior 51 (2/1997), 234-279, 246.
[65] Vgl. *Morrison, Elizabeth W.*, Longitudinal Study of the Effects of Information Seeking on Newcomer Socialization, in: Journal of Applied Psychology 78 (2/1993) 173-183, 173.
[66] Vgl. *Crant, J. Michael*, Proactive Behavior in Organizations, in: Journal of Management 26 (3/2000), 435-462, 436.
[67] Vgl. *Kim, Tae-Yeol/Cable, Daniel M./Kim, Sang-Pyo*, Socialization Tactics, Employee Proactivity, and Person-Organization Fit, in: Journal of Applied Psychology 90 (2/2005), 232-241, 234.

friedenheit und Bleibeabsicht mit sich bringt. Offenheit korrelierte mit Feedbacksuche und positive framing. Des Weiteren konnte ein positiver Zusammenhang sowohl zwischen Feedbackstreben und Arbeitszufriedenheit als auch zwischen positive framing und Arbeitszufriedenheit nachgewiesen werden.[68] Positiv framing führt auch nach *Ashfort* und *Black* (1996) zu höherer Arbeitszufriedenheit. Darüber hinaus konnten die Autoren noch einen Zusammenhang zwischen positiv framing und Leistung feststellen.[69] Die Akquisition von Informationen führt nach *Ostroff* und *Kozlowski* (1992) zu einem größeren Erfolg auf ihren Sozialisationslerndimensionen und erhöht Arbeitszufriedenheit, Commitment, Anpassung und Bleibeabsicht.[70] Außerdem konnte *Morrison* (1993) feststellen, dass sich die aktive Informationssuche durch den neuen Mitarbeiter positiv auf Aufgabenbewältigung, Rollenklarheit und soziale Integration auswirkt.[71] In einer anderen Studie konnten *Kammeyer-Mueller* und *Wanberg* (2003) einen positiven Einfluss von proaktivem Verhalten mit den Outcomes Aufgabenbewältigung, Arbeitsgruppenintegration und politischem Wissen aufzeigen.[72]

2.1.2.4 Sozialisationslernen und -inhalte

Ein weiterer Erklärungsansatz zur Organisationalen Sozialisation ist das Sozialisationslernen. In diesem Zusammenhang ist Sozialisation ein Lernprozess, bei dem der Erwerb von Informationen und Verhaltensweisen im Vordergrund steht.[73] In den Vordergrund rückte dieser Ansatz in den 90er Jahren, u.a. durch die im Folgenden beschriebenen Modelle:

---

[68] Vgl. *Wanberg, Connie R./Kammeyer-Mueller, John D.*, Predictors and Outcomes of Proactivity in the Socialization Process, in: Journal of Applied Psychology 85 (3/2000), 373-385, 379.
[69] Vgl. *Ashfort, Susan J./Black, J. Stewart*, Proactivity During Organizational Entry: The Role of Desire for Control, in: Journal of Applied Psychology 81 (2/1996), 199-214, 209.
[70] Vgl. *Ostroff, Cheri/Kozlowski, Steve W. J.*, Organizational Socialization as a Learning Process: The Role of Information Acquisition, in: Personnel Psychology 45 (4/1992), 849-874, 862-864.
[71] Vgl. *Morrison, Elizabeth W.*, Longitudinal Study of the Effects of Information Seeking on Newcomer Socialization, in: Journal of Applied Psychology 78 (2/1993) 173-183, 178.
[72] Vgl. *Kammeyer-Mueller, John D./Wanberg, Connie R.*, Unwrapping the Organizational Entry Process: Disentangling Multiple Antecedents and Their Pathways to Adjustment, in: Journal of Applied Psychology 88 (5/2003), 779-794, 789.
[73] Vgl. *Klein, Howard J./Weaver, Natasha A.*, The Effectiveness of an Organizational-Level Orientation Training Program in the Socialization of New Hires, in: Personnel Psychology 53 (1/2000), 47-66, 48.

Ostroff und *Kozlowski* (1992) filtern aus früherer Literatur (Katz 1980, Feldman 1981 und Fisher 1986) vier verschiede Inhaltsdomänen:
1) Aufgabenanforderungen (task demands) - beinhaltet Aufgabenprioritäten oder -zuweisungen zu verstehen, das Equipment benutzen zu können, das Lösen von Routineproblemen usw.
2) Rolleneigenschaften (role attributes) - meint die Grenze zwischen Autorität und Verantwortung, Erwartungen und das angemessene Verhalten auf der jeweiligen Position.
3) Normen der Arbeitsgruppe (work group norms) - zielt auf die Beziehungen zwischen den Gruppenmitgliedern, Normen und Werten der Gruppe und die Gruppenstruktur.
4) Organisationsklima und -kultur (organizational climate and culture) - fokussiert sich auf die Politik, Ziele, Führungsstil und Sprache in der Organisation.[74]

Chao et al. (1994) griffen die vorherigen Beiträge zum Sozialisationslernen auf und klassifizierten sechs Dimensionen von Sozialisationsinhalten, welche die für die erfolgreiche Anpassung zu erlernenden Inhalte repräsentieren.[75] Hierdurch sollten sowohl die verschieden Arten des Sozialisationslernens als auch der Prozess der Anpassung an den neuen Job widergespiegelt werden. Die Dimensionen stellen sich wie folgt dar:
1) Ausführungskönnen (Performance Proficiency) – zielt auf das Vorhandensein von benötigtem Wissen, Fähigkeiten und Fertigkeiten zur Erfüllung der Aufgaben ab.
2) Leute (People) – fokussiert sich auf den Aufbau vor erfolgreichen und zufriedenstellenden Beziehungen zu anderen Organisationsmitgliedern
3) Politik (Politics) – umschreibt den Erfolg des Individuums in Bezug auf den Informationsgewinn hinsichtlich formaler und informeller Arbeitsbeziehungen und Machtstrukturen innerhalb der Organisation
4) Sprache (Language) – meint sowohl das Wissen über die Berufsfachssprache als auch über organisationseigenen Jargon
5) Organisationale Ziele und Werte (Organizational goals and values) – beinhaltet das Lernen von organisationalen Zielen und Werten, darunter auch ungeschriebene „Gesetze", unausgesprochene Regeln und die Werte von mächtigen Organisationsmitgliedern

---

[74] Vgl. *Ostroff, Cheri/Kozlowski, Steve W. J.*, Organizational Socialization as a Learning Process: The Role of Information Acquisition, in: Personnel Psychology 45 (4/1992), 849-874, 852.
[75] Vgl. *Klein, Howard J./Weaver, Natasha A.*, The Effectiveness of an Organizational-Level Orientation Training Program in the Socialization of New Hires, in: Personnel Psychology 53 (1/2000), 47-66, 48.

6) Geschichte (History) – beschreibt wie Traditionen, Sitten, Mythen und Rituale der Organisation genutzt werden um kulturelles Wissen umzuformen und so einen bestimmten Typen von Organisationsmitglied zu sozialisieren. [76]

Untersucht haben *Chao et al.* auch die Auswirkungen des Sozialisationsprozesses auf das Lernen durch einen Vergleich von Stelleninhabern, Stellenwechslern und Organisationswechslern. Dabei fanden sie heraus, dass Stelleninhaber die höchsten Sozialisationswerte auf fünf der sechs Dimensionen haben, gefolgt von Stellenwechslern und Organisationswechslern. Bei den Inhaltsdimensionen waren besonders die Verinnerlichung von organisationalen Zielen und Werten mit Karriere-Involvement, Anpassungsfähigkeit und Arbeitszufriedenheit verbunden.[77]

Ein jüngerer Ansatz geht auf *Haueter, Hoff Macan* und *Winter* (2003) zurück. Aufbauend auf *Chao et al.* (1994) entwarfen die Autoren die drei folgenden Hauptdimensionen:

1) Organisationale Sozialisation (Organizational Socialization) – umfasst das Wissen des Newcomers über die Organisation selbst sowie das Rollenverhalten in der Organisation und beinhaltet *Chao et al.* Dimensionen „Organisationale Ziele und Werte", „Sprache", „Politik" und „Geschichte"

2) Gruppensozialisation (Group Socialization) – meint die Kenntnisse über die eigene Arbeitsgruppe und das Rollenverhalten in der Arbeitsgruppe und ist vergleichbar mit der „Leute-Dimension" von *Chao et al.*

3) Aufgabensozialisation (Task Socialization) – beschreibt das Wissen über die Aufgaben und das nötige Rollenverhalten zur Ausführung der Aufgaben (vergleichbar mit der Dimension „Ausführungskönnen" von *Chao et al.*) [78]

In ihrer Studie fanden die Autoren heraus, dass die Länge der Organisationsmitgliedschaft positiv mit der Ausprägung aller drei Dimensionen korreliert. Als effektivste Sozialisationsmaßnahmen konnten das Mentorship und das Job-Training benannt werden. Das Vorhandensein eines Mentors beeinflusst dabei alle drei Dimensionen, während das Job-Training nur einen positiven Einfluss auf die Aufgabensozialisation aufweist.[79] In einer weiteren Studie konnten die selben

---

[76] Vgl. *Chao, Georgia T. et al.*, Organizational Socialization: Its Content and Consequences, in: Journal of Applied Psychology 79 (5/1994), 730-743, 731-732.

[77] Vgl. *Chao, Georgia T. et al.*, Organizational Socialization: Its Content and Consequences, in: Journal of Applied Psychology 79 (5/1994), 730-743, 731-732, 736-739.

[78] Vgl. *Haueter, Jill A./Hoff Macan, Therese/Winter, Joel*, Measurement of newcomer socialization: Construct validation of a multidimensional scale, in: Journal of Vocational Behavior 63 (1/2003), 20-39, 26-27.

[79] Vgl. *Haueter, Jill A./Hoff Macan, Therese/Winter, Joel*, Measurement of newcomer socialization: Construct validation of a multidimensional scale, in: Journal of Vocational Behavior 63 (1/2003), 20-39, 30.

Autoren einen positiven Einfluss der drei Ebenen auf Arbeitszufriedenheit und organisationales Commitment feststellen, wobei von der Aufgabensozialisation in beiden Fällen der größte Einfluss ausging, gefolgt von der Gruppensozialisation und der Organisationalen Sozialisation.[80]

2.1.3 Einflussfaktoren auf den Sozialisationsprozess

2.1.3.4 Biographische Einflussfaktoren

In der Empirie lassen sich einige Untersuchungen auffinden, die den Einfluss von biographischen Einflussfaktoren auf den Organisationalen Sozialisationsprozess überprüfen.

In einer Studie von *Zahrly & Tosi* (1989) wurde der Beitrag von bisherigen Arbeitserfahrungen und Fertigkeitsniveaus vor dem Eintritt auf die Outcomes Arbeitszufriedenheit, Rollenkonflikt und -ambiguität, Teamkohäsion, sowie Arbeits- und Familienkonflikte untersucht. Dabei kamen sie zum Ergebnis, dass diese Variablen weder durch Arbeits- noch durch Organisationserfahrungen vorhergesagt werden können.[81] Auch *Adkins* (1995) spricht von einem nur schwachen Einfluss von bisherigen Arbeitserfahrungen auf den Anpassungsprozess in der neuen Organisation.[82] *Kumar* und *Giri* (2009) konnten in ihrer Studie dagegen einen positiven Zusammenhang zwischen bisheriger Arbeitserfahrung und den Sozialisationsoutcomes organisationales Commitment und Arbeitszufriedenheit feststellen. Zum selben Ergebnis kamen die Autoren beim Einfluss von Alter auf Arbeitszufriedenheit und organisationalem Commitment.[83] Fachwissen vor dem Eintritt hat nach *Kammeyer-Mueller & Wanberg* (2003) einen positiven Einfluss auf Rollenklarheit, Aufgabenbewältigung, Arbeitsgruppenintegration und politisches Wissen.[84] Demographische Variablen wie Geschlecht oder ethnische Herkunft konnten in Studien kaum als Bestimmungsfaktoren für Organisationale Sozialisation genannt werden. In diesem Zusammenhang spielt eher die Tatsache des „Anders-Seins" eine Rolle. Für Organisationsmitglieder, die sich

---

[80] Vgl. *Haueter, Jill A./Hoff Macan, Therese/Winter, Joel*, Measurement of newcomer socialization: Construct validation of a multidimensional scale, in: Journal of Vocational Behavior 63 (1/2003), 20-39, 33-34.
[81] Vgl. *Zahrly, Jan/Tosi, Henry*, The differential effect of organizational induction process on early work role adjustment, in: Journal of Organizational Behaviour 10 (1/1989), 59-74, 68.
[82] Vgl. *Adkins, Cheryl L.*, Previous Work Experience and Organizational Socialization: A Longitudinal Examination, in: Academy of Management Journal 38 (3/1995), 839-862, 854.
[83] Vgl. *Kumar, B. Pavan/Giri, Vijai N.*, Effect of Age and Experience on Job Satisfaction and Organizational Commitment, in: Journal of Organizational Behaviour 8 (1/2009), 28-36, 32-33.
[84] Vgl. *Kammeyer-Mueller, John D./Wanberg, Connie R.*, Unwrapping the Organizational Entry Process: Disentangling Multiple Antecedents and Their Pathways to Adjustment, in: Journal of Applied Psychology 88 (5/2003), 779-794, 789.

durch Alter, Bildung und Lifestyle stark von ihren Kollegen unterscheiden, fällt die soziale Integration schwerer.[85]

2.1.3.2 Persönlichkeitseigenschaften

Neben biographischen Einflussvariablen können auch individuelle Persönlichkeitsmerkmale den Sozialisationsprozess stark beeinflussen. So können die Mitarbeiter ihrer neuen Arbeitsstelle und ihrer eigenen Zukunft eher optimistisch oder pessimistisch gegenüberstehen. Dies wird sich dann wiederum in den Erwartungen und Anspruchsniveaus widerspiegeln. In den späteren Phasen des Sozialisationsprozesses werden beispielsweise der Aufbau und die Entwicklung von Beziehungen sowie die Bewältigung von Konflikten durch Persönlichkeitsmerkmale wie soziale Kompetenz, Konfliktfähigkeit oder Stresstoleranz beeinflusst.[86]

Reichers (1987) stellte in seinem Modell einige Variablen vor, die einen Einfluss auf die Geschwindigkeit des Sozialisationsprozesses haben. So sollen u.a. Toleranz für Ambiguität, Vertrauen in den Arbeitsbereich und das Bedürfnis nach Anschluss/ Verbindungen in der Organisation eine schnelle Sozialisation fördern.[87] In ihrer Studie vermuteten *Zahrly & Tosi* (1989) eine Wirkung von Persönlichkeitsmerkmalen wie Kontrollüberzeugung oder Selbstüberwachung auf die Anpassung an die Arbeitsrolle und so eine Vorhersage von Arbeitszufriedenheit, Einfluss, Teamkohäsion, Rollenkonflikt und –ambiguität sowie Arbeits- und Familienkonflikt. Durch die Ergebnisse konnten jedoch nur leicht negative Einflüsse von Selbstüberwachung auf Arbeits- und Familienkonflikte und von Kontrollüberzeugung auf Rollenambiguität nachgewiesen werden.[88] Selbstwirksamkeit (die eigene Einschätzung der persönlichen Fähigkeiten[89]) führt nach *Saks* und *Ashfort* (1997) zu erhöhter Bewältigungs-fähigkeit, Arbeitszufriedenheit, Leistung, organisationalem und karrierebezogenem Commitment und geringerer Angst, Fluktuationsabsicht und tatsächlicher Fluktuation.[90] Leistungsmotivation und Arbeitsorientierung wirken sich laut *Kieser*

---

[85] Vgl. *Saks, Alan M./Ashfort Blake E.*, Organizational Socialization: Making Sense of the Past and Present as a Prologue for the Future, in: Journal of Vocational Behavior 51 (2/1997), 234-279, 253-254.
[86] Vgl. *Rehn, Marie-Luise*, Die Eingliederung neuer Mitarbeiter. Eine Längsschnittstudie zur Anpassung an Normen und Werte der Arbeitsgruppe, München-Mering (Hamp) 1990, 244.
[87] Vgl. *Reichers, Arnon E.*, An Interactionist Perspective on Newcomer Socialization Rates, in: Academy of Management Review 12 (2/1987), 278-287, 283.
[88] Vgl. *Zahrly, Jan/Tosi, Henry*, The differential effect of organizational induction process on early work role adjustment, in: Journal of Organizational Behaviour 10 (1/1989), 59-74, 63,68.
[89] Vgl. *Bandura, Albert*, Self-Efficacy. The Exercise of Control, New York (W.H. Freeman and Company) 6.Aufl. 2003, 11.
[90] Vgl. *Saks, Alan M./Ashfort Blake E.*, Organizational Socialization: Making Sense of the Past and Present as a Prologue for the Future, in: Journal of Vocational Behavior 51 (2/1997), 234-279, 252.

et al. positiv auf die anfängliche Bindung des Neuen aus.[91] *Black* und *Ashfort* (1995) untersuchten den Einfluss von Kontroll- und Feedbackbedürfnissen auf zwei verschiedene Anpassungsarten von Neuen (self change und job change). Auf Persönlichkeitsveränderung (self change) hatten beide Faktoren einen signifikanten Einfluss, aber auf Rollenveränderung (job change) konnte kein Einfluss nachgewiesen werden. Dabei korrelierte das Kontrollbedürfnis signifikant negativ und das Feedbackbedürfnis signifikant positiv mit persönlicher Veränderung während des ersten Jahres (self change).[92] Des Weiteren fanden *Ashfort* und *Black* (1996) heraus, dass die Persönlichkeitseigenschaft Kontrollüberzeugung zu einem größeren Wunsch nach Beziehungsaufbau führt und positiv mit einem Informationsbedürfnis korreliert. Das Informationsbedürfnis hängt dabei negativ mit dem Outcome Arbeitszufriedenheit zusammen.[93] Auf die Einflüsse einer proaktiven Persönlichkeit wurde bereits in 2.1.2.3 hingewiesen.

2.1.3.3 Organisationale Einflussfaktoren

Unter organisationalen Einflussfaktoren werden im Folgenden alle Faktoren verstanden, die der neue Mitarbeiter beim Eintritt in die Organisation vorfindet. Zu diesen Faktoren zählt laut *Reichers* (1987) die Frequenz an Interaktionsmöglichkeiten mit anderen Personen, die dem Neuen zur Verfügung steht (z.B. in Trainingsprogrammen oder Mentoring). Durch die Interaktionen werden beispielsweise ein angemessenes Rollenverhalten, Fähigkeiten und Fertigkeiten zur Ausübung der Tätigkeit sowie die Werte und Normen der Gruppe und Organisation erlernt. Die Frequenz soll dabei die Sozialisationsgeschwindigkeit maßgeblich beeinflussen.[94] Auch *Wanberg* und *Kammeyer-Mueller* (2000) untersuchten den Einfluss von Interaktionen. Die Ergebnisse ihrer Studie machen deutlich, dass Interaktionsmöglichkeiten mit höherem Informationsstreben, Feedbackstreben, sozialer Integration und Arbeitszufriedenheit zusammenhängen. Außerdem senken Möglichkeiten zur Interaktion die Fluktuationsneigung und die tatsächliche Fluktuation.[95] Drei Jahre später untersuchten *Kammeyer-Mueller* und *Wanberg* die Wirkung von Sozialisationsagenten (Organisation, Vorgesetzter und Kollegen) auf die Outcomes Aufgabenbewältigung, Rollen-

---

[91] Vgl. *Kieser, Alfred et al.*, Die Einführung neuer Mitarbeiter in das Unternehmen, Neuwied (Kommentator) 2.Aufl. 1990, 39.
[92] Vgl. *Black, J. Stewart/ Ashfort, Susan J.*, Fitting In or Making Jobs Fit: Factors Affecting Mode of Adjustment of New Hires, in: Human Relations 48 (4/1995), 421-437, 433.
[93] Vgl. *Ashfort, Susan J./Black, J. Stewart*, Proactivity During Organizational Entry: The Role of Desire for Control, in: Journal of Applied Psychology 81 (2/1996), 199-214, 207-208.
[94] Vgl. *Reichers, Arnon E.*, An Interactionist Perspective on Newcomer Socialization Rates, in: Academy of Management Review 12 (2/1987), 278-287, 284-286.
[95] Vgl. *Wanberg, Connie R./Kammeyer-Mueller, John D.*, Predictors and Outcomes of Proactivity in the Socialization Process, in: Journal of Applied Psychology 85 (3/2000), 373-385, 383.

klarheit, Arbeitsgruppenintegration und politisches Wissen. Dabei stellte sich heraus, dass ein organisationaler Einfluss mit Rollenklarheit, der Einfluss von Vorgesetzten mit politischem Wissen und der Einfluss von Kollegen mit Gruppenintegration positiv zusammenhängt.[96] *Colarelli* und *Dean* (1987) unterteilten die organisationalen Einflussfaktoren in Autonomie, Feedback und den Arbeitskontext. Die Ergebnisse ihrer Studie zeigen, dass Autonomie positiv auf Arbeitszufriedenheit und organisationales Commitment wirkt und Feedback positiv mit Arbeitszufriedenheit korreliert. Der Arbeitskontext hat einen signifikanten Einfluss auf die Outcomes Leistung, Arbeitszufriedenheit und organisationales Commitment.[97] Eine hoher person-organization fit führt zu gesteigerter Arbeitszufriedenheit und organisationalem Commitment. Darüber hinaus kann durch einen guten person-organization fit der Arbeitsstress gesenkt werden.[98]

Ein weiterer bedeutender organisationaler Einflussfaktor ist die Organisationskultur. Jeder Neuling muss sich zunächst in seinem neuen Unternehmen mit einer für ihn fremden Kultur zurechtfinden.[99] In diesem Zusammenhang spricht *Rehn* auch von der Konstruktion einer „kognitiven Landkarte" zur Strukturierung des neuen Umfelds.[100] Es ist dabei wichtig die organisationalen Normen und Werte zu verinnerlichen und nicht nur die Anforderungen der Tätigkeit zu erlernen.[101] Gerade in der ersten Zeit im Unternehmen spielt eine starke Organisationskultur eine signifikante Rolle. Sie kann beim Neuen das Gefühl erzeugen für eine „ganz besondere Organisation" zu arbeiten und so die Anpassung fördern. Auch bei der Sinnsuche wird dem Newcomer durch das Vorhandensein einer gemeinsamen Sprache und gemeinsamer Interpretationsmuster geholfen. Darüber hinaus erleichtert eine ausgeprägte Unternehmenskultur es dem Neuen zu erkennen, ob seine eigenen Werte mit denen der Organisation übereinstimmen. Diese Erkenntnis ist entscheidend für die Ausbildung einer starken inneren Bindung an das Unternehmen. Des Weiteren führt eine starke Organisationskultur zu mehr Zusammenhalt in der Arbeitsgruppe und

---

[96] Vgl. *Kammeyer-Mueller, John D./Wanberg, Connie R.*, Unwrapping the Organizational Entry Process: Disentangling Multiple Antecedents and Their Pathways to Adjustment, in: Journal of Applied Psychology 88 (5/2003), 779-794, 789.
[97] Vgl. *Colarelli, Stephen M./Dean, Roger A.*, Comparative Effects of Personal and Situational Influences on Job Outcomes of New Professionals, in: Journal of Applied Psychology 72 (4/1987), 558-566, 562.
[98] Vgl. *Kristoff, Amy L.*, Person-Organization Fit: An Integrative Review of its Conceptualizations, Measurement, and Implications, in: Personnel Psychology 49 (1/1996), 1-49, 25-28.
[99] Vgl. *Rehn, Marie-Luise*, Die Eingliederung neuer Mitarbeiter. Eine Längsschnittstudie zur Anpassung an Normen und Werte der Arbeitsgruppe, München-Mering (Hamp) 1990, 57.
[100] Vgl. *Rehn, Marie-Luise*, Die Eingliederung neuer Mitarbeiter. Eine Längsschnittstudie zur Anpassung an Normen und Werte der Arbeitsgruppe, München-Mering (Hamp) 1990, 172.
[101] Vgl. *Rehn, Marie-Luise*, Die Eingliederung neuer Mitarbeiter. Eine Längsschnittstudie zur Anpassung an Normen und Werte der Arbeitsgruppe, München-Mering (Hamp) 1990, 243.

so zu Eigeninitiative, Orientierung in unklaren Situationen, Motivation, Kreativität, Zufriedenheit und Produktivität.[102]

Neben den angesprochenen Organisationalen Einflussfaktoren zählen auch die bereits in 2.1.2.2 beschriebenen Sozialisationstaktiken zu den organisationalen Einflussfaktoren.

2.1.3.4 Der Einfluss von Erwartungen, sozialer Unterstützung und Rollenkonflikten

Erwartungen:

Erwartung kann als „eine subjektive Prognose über die Wahrscheinlichkeit des Eintretens bestimmter Ereignisse" definiert werden.[103] Bevor ein Mitarbeiter in ein neues Unternehmen eintritt, bildet er Erwartungen über seine neue Tätigkeit und sein neues Umfeld aus.[104] Diese Erwartungen resultieren in der Regel aus Informationen, die der Newcomer von Familie, Freunden und Organisationsmitgliedern erhält.[105] Oft sind diese Erwartungen bezüglich des neuen Postens zu hoch bzw. unrealistisch und werden im weiteren Sozialisationsverlauf enttäuscht.[106] Man geht davon aus, dass frühe Kündigungen am ehesten durch enttäuschte Erwartungen bedingt sind.[107]

In der Empirie finden sich einige Studien, die den Einfluss von Erwartungen auf den Sozialisationsprozess beweisen. So fanden beispielsweise *Buchanan* (1974) oder *Kieser et al.* (1985) in ihren Studien einen negativen Einfluss von enttäuschten Erwartungen auf das organisationale Commitment heraus.[108] Als mögliche Ursachen für Erwartungsenttäuschungen konnten

---

[102] Vgl. *Holton III, Elwood F.*, New Employee Development: A Review and Reconceptualization, in: Human Resource Development Quarterly 7 (3/1996), 233-252, 242-243; *Kieser, Alfred et al.*, Die Einführung neuer Mitarbeiter in das Unternehmen, Neuwied (Kommentator) 2.Aufl. 1990, 28-29; *Rehn, Marie-Luise*, Die Eingliederung neuer Mitarbeiter, in: *Moser, Klaus/Stehle, Willi/Schuler, Heinz*, Personalmarketing. Beiträge zur Organisationspsychologie 9, Göttingen-Stuttgart (Angewandte Psychologie) 1993, 92.
[103] Vgl. *Drescher, Peter*, Organisationale Sozialisation. Eine Studie über das Wohlbefinden von Berufseinsteigern, Münster-New York (Waxmann) 1993, 68.
[104] Vgl. *Kieser, Alfred et al.*, Die Einführung neuer Mitarbeiter in das Unternehmen, Neuwied (Kommentator) 2.Aufl. 1990, 62; *Major, Debra et al.*, A Longitudinal Investigation of Newcomer Expectations, Early Socialization Outcomes, and the Moderating Effects of Role Development Factors, in: Journal of Applied Psychology 80 (3/1995), 418-431, 418.
[105] Vgl. *Porter, Lyman W./Lawler III, Edward E./Hackman, J. Richard*, Behavior in Organizations, Tokio et al. (McGraw-Hill) 1975, 163.
[106] Vgl. *Kieser, Alfred et al.*, Die Einführung neuer Mitarbeiter in das Unternehmen, Neuwied (Kommentator) 2.Aufl. 1990, 13; *Moser, Klaus/Schmook, Renate*, Berufliche und organisationale Sozialisation, in: Schuler, Heinz (Hrsg.), Lehrbuch der Personalpsychologie, Göttingen etc. (Hogrefe) 2. Aufl. 2006, 231-254, 241.
[107] Vgl. *Kieser, Alfred et al.*, Die Einführung neuer Mitarbeiter in das Unternehmen, Neuwied (Kommentator) 2.Aufl. 1990, 86.
[108] Vgl. *Buchanan II, Bruce*, Building Organizational Commitment: The Socialization of Managers in Work Organizations, in: Administrative Science Quarterly 19 (4/1974), 533-546, 541-542; *Kieser, Alfred et al.*, Die Einführung neuer Mitarbeiter in das Unternehmen, Neuwied (Kommentator) 2.Aufl. 1990, 86-87.

die Unzufriedenheit über formale Rahmenbedingungen (z.B. Anforderungen der Arbeit und bürokratische Regeln), Einarbeitungsdefizite und Feedbackdefizite identifiziert werden.[109]

Die Untersuchungen von *Rehn* (1990) und *Fisher* (1985) zeigten die Folgen von Erwartungsenttäuschungen in den ersten Wochen auf die Arbeitszufriedenheit (Senkung) und die Kündigungsbereitschaft (Steigerung). *Rehn* bewies in ihrer Studie darüber hinaus, dass unrealistische Erwartungen zu einer Senkung des Wohlbefindens führen.[110] In Studien von *Meyer* und *Allen* (1988) und von *Major et al.* (1995) konnte ein positiver Zusammenhang zwischen zutreffenden Erwartungen mit organisationalem Commitment, Zufriedenheit und einer Senkung der Fluktuationsneigung festgestellt werden.[111]

Soziale Unterstützung:
Wie bereits in der Problemstellung erwähnt ist die Anfangszeit für den Neuen mit hohem Stress verbunden. Durch den Einfluss von sozialer Unterstützung kann dem Neuling bei der Bewältigung dieser Belastungen geholfen und ein wichtiger Meilenstein zu einer erfolgreichen Sozialisation gesetzt werden.[112] In der Literatur wird der Begriff „Soziale Unterstützung" von den verschiedenen Autoren unterschiedlich definiert. Man kann Soziale Unterstützung als „die Übermittlung bzw. der Austausch von emotionalen, materiellen und inforationalen Inhalten" oder aber als die „bloße Hinwendung zu einer Person" verstehen.[113] Nach *House* (1981) kann zwischen vier Arten von Sozialer Unterstützung unterschieden werden: Soziale Unterstützung kann emotional (z.B. die Gabe von Fürsorge oder Mitleid), bewertend (z.B. durch die Gabe von Feedback auf vollbrachte Leistungen), informativ (z.B. Anweisungen oder Vorschläge) oder instrumental (z.B. Modifikation der Umgebung für den Newcomer) sein.[114]

---

[109] Vgl. *Kieser, Alfred et al.*, Die Einführung neuer Mitarbeiter in das Unternehmen, Neuwied (Kommentator) 2.Aufl. 1990, 80-83.
[110] Vgl. *Fisher, Cynthia D.*, Social Support and Adjustment to Work: A Longitudinal Study, in: Journal of Management 11 (3/1985), 39-53, 46; *Rehn, Marie-Luise*, Die Eingliederung neuer Mitarbeiter. Eine Längsschnittstudie zur Anpassung an Normen und Werte der Arbeitsgruppe, München-Mering (Hamp) 1990, 214-220.
[111] Vgl. *Major, Debra et al.*, A Longitudinal Investigation of Newcomer Expectations, Early Socialization Outcomes, and the Moderating Effects of Role Development Factors, in: Journal of Applied Psychology 80 (3/1995), 418-431, 424; *Meyer, John P./Allen, Natalie L.*, Links between work experiences and organizational commitment during the first year of employment: A longitudinal analysis, in: Journal of Occupational Psychology 61 (3/1988), 195-209, 204.
[112] Vgl. *Nelson, Debra L./Quick, James C.*, Social support and newcomer adjustment in organizations: Attachment theory at work?, in: Journal of Organizational Behavior 12 (1991), 543-554, 544; *Taormina, Robert J.*, The Organizational Socialization Inventory, in: International Journal of Selection and Assessment 2 (3/1994), 133-145, 135; *Wanous, John Parcher/Reichers, Arnon E.*, New Employee Orientation Programs, in: Human Resource Management Review 10 (4/2000), 435-451, 443.
[113] Vgl. *Drescher, Peter*, Organisationale Sozialisation. Eine Studie über das Wohlbefinden von Berufseinsteigern, Münster-New York (Waxmann) 1993, 76.
[114] Vgl. *House, J. S.*, Work Stress and Social Support, Reading (Addison-Wesley) 1981, 23.

Aus empirischen Studien geht hervor, dass sich Soziale Unterstützung positiv auf die Arbeitszufriedenheit, die Bindung, die Leistung und die Bleibeabsicht im Unternehmen auswirkt.[115] Gestört erlebte Beziehungen zum Vorgesetzten führen nach *Kieser et al.* (1990) zu einer schwächeren Bindung an die Organisation.[116] Demgegenüber können Führungskräfte durch eine Sensibilisierung für die Bedürfnisse der Mitarbeiter zu einer höheren Bindung bei diesen beitragen.[117]

Rollenkonflikte:
Auch Konflikte beeinflussen den Sozialisationsprozess. Dabei kann zwischen zehn Konfliktfeldern unterschieden werden: Quantitative Rollenüberlastungen, Professionskonflikte bzw. qualitative Unterforderungen, Rollenunklarheiten, Rückkopplungsdefizite, Konflikte mit der Tätigkeitsbeschreibung, Senderkonflikte bzw. Führungsdefizite, Einarbeitungskonflikte, Kompetenzkonflikte, Intra-Gruppenkonflikte und Entfremdung. Diese Konflikte sind oft von zurückliegenden Erfahrungen geprägt und treten im Sozialisationsprozess in unterschiedlich konfliktreichen Phasen auf.[118]

Untersucht wurden Rollenkonflikte von *Kieser et al.* (1985). Als besonders signifikant erwiesen sich dabei die ersten sechs Konfliktarten. In der Untersuchung konnte gezeigt werden, dass Rückkopplungsdefizite ein Problem der ersten Wochen zu sein scheinen und die anderen fünf Hauptkonfliktfelder mit der Zeit (zumindest bis zur 16. Woche) zunehmen. Eine starke qualitative Unterforderung, Rollenunklarheit, Rückkopplungsdefizite und Konflikte mit formalen Rahmenbedingungen führen zu einer geringen Bindung an das Unternehmen. Führungsdefizite und Konflikte mit formalen Rahmenbedingungen spiegeln sich in einer negativeren Einstellung gegenüber dem Vorgesetzten wider.[119] Auch in anderen Studien konnte ein negativer Einfluss von Rollenkonflikten auf Arbeitszufriedenheit, Involvement und organisationales Commitment festgestellt werden.[120]

---

[115] Vgl. *Fisher, Cynthia D.*, Social Support and Adjustment to Work: A Longitudinal Study, in: Journal of Management 11 (3/1985), 39-53, 47-49; *Rehn, Marie-Luise*, Die Eingliederung neuer Mitarbeiter. Eine Längsschnittstudie zur Anpassung an Normen und Werte der Arbeitsgruppe, München-Mering (Hamp) 1990, 209-211.
[116] Vgl. *Kieser, Alfred et al.*, Die Einführung neuer Mitarbeiter in das Unternehmen, Neuwied (Kommentator) 2.Aufl. 1990, 97-98.
[117] Vgl. *Drescher, Peter*, Organisationale Sozialisation. Eine Studie über das Wohlbefinden von Berufseinsteigern, Münster-New York (Waxmann) 1993, 79.
[118] Vgl. *Kieser, Alfred et al.*, Die Einführung neuer Mitarbeiter in das Unternehmen, Neuwied (Kommentator) 2.Aufl. 1990. 91-92.
[119] Vgl. *Kieser, Alfred et al.*, Die Einführung neuer Mitarbeiter in das Unternehmen, Neuwied (Kommentator) 2.Aufl. 1990, 94-98.
[120] Vgl. *Fisher, Cynthia D.*, Social Support and Adjustment to Work: A Longitudinal Study, in: Journal of Management 11 (3/1985), 39-53, 41.

2.1.4 Akteure im Sozialisationsprozess und ihre Rollen

2.1.4.1 Die Personalabteilung

Die Personalabteilung (wenn vorhanden) übernimmt im Einführungsprozess üblicherweise die Informationsaufgabe. Das Ziel der Personalabteilung ist es hierbei den neuen Mitarbeiter möglichst schnell im Unternehmen zu integrieren, indem ihm seine neue Umgebung näher gebracht und er mit wichtigen Informationen versorgt wird. Informiert werden sollte der Neuling von der Personalabteilung beispielsweise über den Betrieb selbst, die Unternehmens- und Führungsgrundsätze, Arbeitsbedingungen, Verdienst, Sicherheitsvorschriften, betriebsinterne Regelungen oder betriebliche und soziale Einrichtungen. Außerdem sollte die Personalabteilung für den Neuen jederzeit als Ansprechpartner zur Verfügung stehen um Informationsdefizite oder andere Probleme beheben zu können.[121] So kann die Personalabteilung den Neuen auch mal „ohne jeglichen Grund" kontaktieren, um sich zu erkundigen, wie es ihm geht. Dies gibt ihm gerade in der Anfangszeit das Gefühl ein wichtiger Bestandteil der Organisation zu sein.[122]

2.1.4.2 Die Führungskraft

Sollte im Unternehmen keine Personalabteilung vorhanden sein, gehört die Informationsvermittlung meist zum Aufgabengebiet der Führungskraft. Er sollte dem Neuen die an ihn gestellten Erwartungen klar machen und ein Einarbeitungsprogramm erstellen.[123] Außerdem ist er für die fachliche und persönliche Eingliederung des Neulings mitverantwortlich. Er erklärt die Arbeitsstelle, die Aufgaben und Ziele seiner Abteilung, bereitet den Neuen und die Arbeitsgruppe aufeinander vor, gibt Feedback usw. Wichtig ist in diesem Zusammenhang auch die Vergabe von Feedback an den Newcomer, denn so kann dieser erkennen, ob er seine Arbeit richtig ausführt und sein soziales Verhalten angemessen ist.[124] Die Führungskraft kann als die wichtigste Bezugsperson für den Neuen in der Anfangszeit gesehen werden und wirkt durch ihr Verhalten maßgeblich auf den Sozialisationsprozess ein.[125] Ein guter Kontakt zwischen Vorgesetztem und

---

[121] Vgl. *Lange, Thorben*, Die Integration neuer Mitarbeiter: Ein Leitfaden für die Praxis, Marburg (Tectum) 2004, 34-38.
[122] Vgl. *Rehn, Marie-Luise*, Die Eingliederung neuer Mitarbeiter. Eine Längsschnittstudie zur Anpassung an Normen und Werte der Arbeitsgruppe, München-Mering (Hamp) 1990, 90.
[123] Vgl. *Kieser, Alfred*, Einarbeitung neuer Mitarbeiter, in: *von Rosenstiel, Lutz/Regnet, Erika/Domsch, Michel (Hrsg.)*, Führung von Mitarbeitern, Stuttgart (Schäffer-Poeschel) 5.Aufl 2003, 183-194, 188-189.
[124] Vgl. *Lange, Thorben*, Die Integration neuer Mitarbeiter: Ein Leitfaden für die Praxis, Marburg (Tectum) 2004, 38-52.
[125] Vgl. *Stiefel, Rolf Th.*, Planung und Durchführung von Induktionsprogrammen. Die Einführung neuer Mitarbeiter als Instrument der Integration und Innovation, München (Ölschläger) 1979, 70-71.

Newcomer erhöht bei diesem das organisationale Commitment und die Zufriedenheit und senkt dessen Fluktuationsneigung.[126] Wird der direkte Vorgesetzte vom Neuling als „gut" angesehen, ergibt sich daraus i.d.R. auch ein positives Bild der Organisation beim Newcomer.[127] Darüber hinaus kann er dem Neuling beim Erlangen der Rollenklarheit behilflich sein und durch unterstützendes Verhalten zu einem stärkeren Akzeptanzgefühl beim Newcomer beitragen.[128] Auf der anderen Seite können mangelnde Führungsqualitäten und schwache soziale Kompetenzen der Führungskraft zu einer geringeren Bindung des Neuen an das Unternehmen führen. Zum selben Ergebnis führt mangelndes Feedback durch den Vorgesetzten.[129] Überträgt der Vorgesetzte zu einfache oder zu schwierige Aufgaben gleich zu Beginn der Tätigkeit an den Neuling, führt dies zu Überraschungen, Enttäuschungen, Demotivation, Unzufriedenheit und geringer Bindung an das Unternehmen. Um den Sozialisationsprozess voranzutreiben sollte die Führungskraft die delegierten Aufgaben also angemessen dosieren und den Neuen mit sozialem Geschick mit Feedback und Unterstützung versorgen.[130]

2.1.4.3 Die Kollegen/ die Arbeitsgruppe

Auch die Arbeitsgruppe ist mitverantwortlich für die Sozialisation des neuen Mitarbeiters, insbesondere für den sozialen Teil der Integration. So hängt es gerade in der Anfangsphase in hohem Maße von der Arbeitsgruppe ab, wie wohl sich der Neue fühlt. Zunächst kann die Integration des Neuen aber mit Schwierigkeiten verbunden sein, da es sich bei der Arbeitsgruppe i.d.R. um eine mit der Zeit zusammengewachsene, eingespielte Gemeinschaft mit eigenen Werten und Normen handelt (starke Kohäsion). Die Rolle der Kollegen ist es also, dem Neuen diese Werte und Normen näher zu bringen und ihm eine Integration in die Arbeitsgruppe zu erleichtern.[131] Dabei hilft sie im auch bei der Interpretation der Rollenanforderungen und damit bei der Verminderung des

---

[126] Vgl. *Louis, Maryl R./Posner, Barry Z./Powell Gary N.*, The Availability and Helpfulness of Socialization Practices, in: Personnel Psychology 36 (4/1983), 857-866, 863; *Major, Debra et al.*, A Longitudinal Investigation of Newcomer Expectations, Early Socialization Outcomes, and the Moderating Effects of Role Development Factors, in: Journal of Applied Psychology 80 (3/1995), 418-431, 424.
[127] Vgl. *Porter, Lyman W./Lawler III, Edward E./Hackman, J. Richard*, Behavior in Organizations, Tokio et al. (McGraw-Hill) 1975, 184.
[128] Vgl. *Bauer, Talya N./ Green, Stephen G.*, Testing the Combined Effects of Newcomer Information Seeking and Manager Behavior on Socialization, in: Journal of Applied Psychology 83 (1/2000), 72-83, 78.
[129] Vgl. *Kieser, Alfred et al.*, Die Einführung neuer Mitarbeiter in das Unternehmen, Neuwied (Kommentator) 2.Aufl. 1990, 128-129.
[130] Vgl. *Kieser, Alfred et al.*, Die Einführung neuer Mitarbeiter in das Unternehmen, Neuwied (Kommentator) 2.Aufl. 1990, 24.
[131] Vgl. *Kieser, Alfred et al.*, Die Einführung neuer Mitarbeiter in das Unternehmen, Neuwied (Kommentator) 2.Aufl. 1990, 24-25; *Kratz, Hans-Jürgen*, Neue Mitarbeiter erfolgreich integrieren. Nutzen Sie ein praxiserprobtes Einführungskonzept, Wien (Ueberreuter) 1997, 15; *Lange, Thorben*, Die Integration neuer Mitarbeiter: Ein Leitfaden für die Praxis, Marburg (Tectum) 2004, 55-56.

„Realitätsschocks". Durch die Eingliederung des Neuen in die Arbeitsgruppe kann dessen Bindung an das Unternehmen gesteigert werden[132], denn hier werden u.a. die Bedürfnisse nach sozialen Kontakten und sozialer Anerkennung befriedigt.[133] Darüber hinaus erhöhen sich Zufriedenheit und Bleibabsicht des Neulings durch positiv erlebte Beziehungen zu den Kollegen.[134] Zu Problemen kann es führen, wenn die Arbeitsgruppe sehr konfliktträchtig ist. In diesem Fall kann es für den Newcomer schwierig sein zu entscheiden, auf welcher Seite er steht.[135] Auf den weiteren Einfluss von Konflikten wurde bereits in 2.1.3.4 hingewiesen.

2.1.4.4 Der neue Mitarbeiter selbst

Der Beginn am neuen Arbeitsplatz ist mit Unsicherheiten und Stress für den Neuling verbunden. Er kennt i.d.R. weder Kollegen, Hierarchien, Aufgaben, Methoden und Kompetenzen. Ziel in dieser Anfangsphase sollte es sein, diese Unsicherheiten zu bewältigen. Außerdem sollte er sich gegenüber seinem neuen Umfeld aufgeschlossen und kontaktfreudig verhalten um die Integration zu beschleunigen.[136] In 2.1.3.2 wurde bereits auf die Vorteile von proaktivem Verhalten hingewiesen.

2.1.4.5 Außerorganisatorische Bezugspersonen

Hierunter fallen Familie, Freunde und Bekannte, die der Organisation nicht angehören. Auch dieser Personenkreis kann einen Einfluss auf den Sozialisationsprozess haben. So versuchen diese dem Neuling gerade in der Voreintrittsphase beim Sense-making zu helfen. Ein Problem kann dadurch entstehen, dass Familie, Freunde und Bekannte meist nur über wenige Informationen bezüglich der Organisation als soziales Umfeld verfügen und deshalb falsche Hinweise

---

[132] Vgl. *Kieser, Alfred et al.*, Die Einführung neuer Mitarbeiter in das Unternehmen, Neuwied (Kommentator) 2.Aufl. 1990, 127-128.
[133] Vgl. *Kieser, Alfred et al.*, Die Einführung neuer Mitarbeiter in das Unternehmen, Neuwied (Kommentator) 2.Aufl. 1990, 25.
[134] Vgl. *Louis, Maryl R./Posner, Barry Z./Powell Gary N.*, The Availability and Helpfulness of Socialization Practices, in: Personnel Psychology 36 (4/1983), 857-866, 863; *Major, Debra et al.*, A Longitudinal Investigation of Newcomer Expectations, Early Socialization Outcomes, and the Moderating Effects of Role Development Factors, in: Journal of Applied Psychology 80 (3/1995), 418-431, 424.
[135] Vgl. *Moser, Klaus/Schmook, Renate*, Berufliche und organisationale Sozialisation, in: Schuler, Heinz (Hrsg.), Lehrbuch der Personalpsychologie, Göttingen etc. (Hogrefe) 2. Aufl. 2006, 231-254, 241-242.
[136] Vgl. *Kratz, Hans-Jürgen*, Neue Mitarbeiter erfolgreich integrieren. Nutzen Sie ein praxiserprobtes Einführungskonzept, Wien (Ueberreuter) 1997, 17-18; *Lange, Thorben*, Die Integration neuer Mitarbeiter: Ein Leitfaden für die Praxis, Marburg (Tectum) 2004, 58-59.

geben.[137] Dadurch kann es vorkommen, dass der Newcomer falsche Erwartungen ausbildet. Die negativen Folgen daraus sind eine geringere Arbeitszufriedenheit, weniger organisationales Commitment und eine höhere Fluktuationsneigung (vgl. 2.1.3). Darüber hinaus ist die Hilfe von außerorganisatorischen Personen beim Sense-making mit einer stärkeren Rollenunklarheit verbunden.[138] Auch das Familienleben wirkt sich auf den Sozialisationsprozess aus. Ein ausgeglichenes Familienleben erhöht Arbeitsleistung und Arbeitszufriedenheit, während ein negativ erlebtes Privatleben das Gegenteil zur Folge haben kann.[139]

2.2 Controlling und Personalcontrolling

Der Begriff „Controlling" leitet sich vom englischen Wortstamm „to control" ab, was im Deutschen durch die Verben beherrschen, leiten, lenken, kontrollieren, regeln und steuern übersetzt werden kann. Vom Wortlaut her wird das Controlling häufig mit dem deutschen Wort Kontrolle gleichgesetzt, es geht jedoch weit darüber hinaus.[140] Eine einheitliche Definition des Begriffes gibt es allerdings nicht.[141] Zum Verständnis bietet *Bröckermann* Controlling als „zukunftsorientierten Regelkreis aus Zielsetzung, Planung und Statistik, Datenauswertung, Information und Steuerung" an.[142] *Preißler* versteht unter Controlling „ein funktionsübergreifendes Steuerungsinstrument, das den unternehmerischen Entscheidungs- und Steuerungsprozess durch zielgerichtete Informationener- und -verarbeitung unterstützt.[143]

Der Begriff Personalcontrolling bezieht sich dem Wortlaut nach auf das Controlling des Personals oder auf das Controlling der Personalarbeit. Beim Personalcontrolling wird der Fokus auf die menschliche Arbeit als wichtiger Faktor der Wertschöpfung gelegt. Genau wie beim Begriff Controlling gibt es in der Literatur bereits viele unterschiedliche Definitionen für den Begriff Personalcontrolling. So kann unter Personalcontrolling „das planungs- und kontrollge-

---

[137] Vgl. *Settoon, Randall P./Adkins, Cheryl L.*, Newcomer Socialization: The Role of Supervisors, Coworkers, Friends and Family Members, in: Journal of Business and Psychology 11 (4/1997), 507-516, 508-509.
[138] Vgl. *Settoon, Randall P./Adkins, Cheryl L.*, Newcomer Socialization: The Role of Supervisors, Coworkers, Friends and Family Members, in: Journal of Business and Psychology 11 (4/1997), 507-516, 513.
[139] vgl. *Kratz, Hans-Jürgen*, Neue Mitarbeiter erfolgreich integrieren. Nutzen Sie ein praxiserprobtes Einführungskonzept, Wien (Ueberreuter) 1997, 19.
[140] Vgl. *Bröckermann, Reiner*, Personalwirtschaft. Lehr- und Übungsbuch für Human Resource Management, Stuttgart (Schäffer-Poeschel) 4.Aufl. 2007, 526 ; *Scholz, Christian*, Personalmanagement. Informationsorientierte und verhaltenstheoretische Grundlagen, München (Vahlen) 3.Aufl. 1993, 646; *Wunderer, Rolf/Jaritz, André*, Unternehmerisches Personalcontrolling. Evaluation der Wertschöpfung im Personalmanagement, München (Luchterhand) 3.Aufl. 2006, 9.
[141] Vgl. *Preißler, Peter R.*, Controlling. Lehrbuch und Intensivkurs, München-Stuttgart (Oldenbourg) 8.Aufl. 1996, 12.
[142] Vgl. *Bröckermann, Reiner*, Personalwirtschaft. Lehr- und Übungsbuch für Human Resource Management, Stuttgart (Schäffer-Poeschel) 4.Aufl. 2007, 526.
[143] Vgl. *Preißler, Peter R.*, Controlling. Lehrbuch und Intensivkurs, München-Stuttgart (Oldenbourg) 8.Aufl. 1996, 14.

stützte, integrative Evaluationsdenken und -rechnen zur Abschätzung von Entscheidungen zum Personalmanagement, insbesondere zu deren ökonomischen und sozialen Folgen" verstanden werden.[144] Des Weiteren handelt es sich beim Personalcontrolling um ein „Steuerungsinstrument mit dem Ziel einer optimalen Wertschöpfung der menschlichen Ressourcen".[145] Dabei sollten im Personalcontrolling sowohl die quantitative Dimensionen (z.B. Personalkosten) als auch die quantitativen Zielsetzungen (z.B. Motivation, Identifikation oder Arbeitszufriedenheit) Berücksichtigung finden, um eine rein kostenorientierte Betrachtung zu vermeiden.[146]

---

[144] Vgl. *Wunderer, Rolf/Jaritz, André*, Unternehmerisches Personalcontrolling. Evaluation der Wertschöpfung im Personalmanagement, München (Luchterhand) 3.Aufl. 2006, 12-14
[145] vgl. *Wunderer, Rolf/Kuhn, Thomas (Hrsg.)*, Innovatives Personalmanagement. Theorie und Praxis unternehmerischer Personalarbeit, Neuwied-Kriftel-Berlin (Luchterhand) 1995, 175-176.
[146] Vgl. *Berthel, Jürgen/Becker, Fred G.*, Personal-Management. Grundzüge für Konzeptionen betrieblicher Personalarbeit, Stuttgart (Schäffer-Poeschel) 8.Aufl. 2007, 515-516.

3. Untersuchungsrahmen

3.1 Mentales Modell

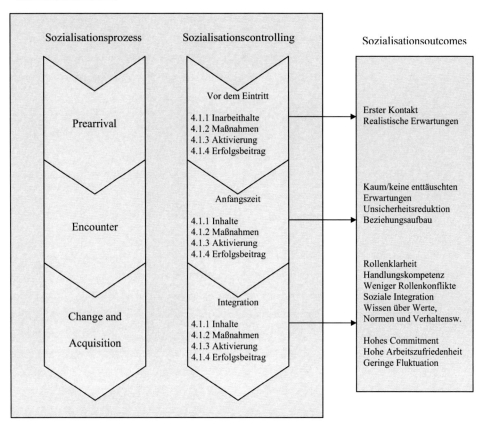

Abb. Mentales Modell

Das mentale Modell gibt einen Überblick über das vierte Kapitel. Die Darstellung des Sozialisationsprozesses geht auf das Stufenmodell von *Porter/Lawler/Hackman* (1975) zurück, es wurden jedoch ebenfalls Kernpunkte aus den Ansätzen von *Feldman* (1976), *Schein* (1978), *Wanous* (1980) und *Kieser et al.* (1985) zur Erstellung des Ablaufs des Sozialisationscontrollinginstruments integriert. Das Sozialisationscontrolling soll zeitlich parallel zum Prozess der Sozialisation neuer Mitarbeiter stattfinden. Dabei wird in drei chronologisch aufeinanderfolgenden Controllingphasen vorgegangen:

Das Controlling beginnt bereits vor dem Eintritt der Neulinge in die Organisation (erste Phase). Die zweite Phase bezieht sich auf die Anfangszeit im Unternehmen. Darauf folgend beginnt die dritte Stufe (Integration), die mit dem Erreichen einer erfolgreichen Sozialisation endet. Die Grenzen zwischen den Phasen sind dabei offen, da davon auszugehen ist, dass der Sozialisationsprozess je nach Position, Biographie und Persönlichkeit zeitlich unterschiedlich verläuft.

Eine Person gilt im Sozialisationscontrolling als erfolgreich sozialisiert, sobald sie alle Primäroutcomes (oder auch proximale Outcomes genannt) der Sozialisation in den Lerndimensionen nach *Haueter, Hoff Macon* und *Winter* (2003) (Organisation, Arbeitsgruppe und Aufgabe) sowie die geplanten Werte in den Sozialisationssekundäroutcomes (oder auch distale Outcomes) organisationales Commitment und Arbeitszufriedenheit erreicht hat. Als Sekundäroutcomes werden diese bezeichnet, da sie neben der Sozialisation noch von einigen anderen Faktoren beeinflusst werden.[147] Organisationales Commitment kann in die drei Teildimensionen Identifikation (starker Glaube an und Akzeptanz von Zielen und Werten der Organisation), Anstrengungsbereitschaft (starke Bereitschaft sich für die Organisation einzusetzen) und geringe Fluktuationsneigung (starkes Bedürfnis die Organisationsmitgliedschaft aufrechtzuerhalten) unterteilt werden.[148] Definiert werden kann organisationales Commitment als „relative Stärke der Identifikation mit und des Involvements in eine bestimmte Organisation".[149] Unter Arbeitszufriedenheit ist „eine affektive Reaktion auf die Erfahrungen verschiedener Komponenten des Arbeitsplatzes" zu verstehen.[150] Zur Messung des Sozialisationserfolgs werden in diesem Instrument zum Sozialisationscontrolling sowohl organisationales Commitment als auch Arbeitszufriedenheit gewählt, obwohl diese stark miteinander korrelieren. Es konnte jedoch in der Vergangenheit mehrfach gezeigt werden, dass Fluktuation und Fluktuationsabsicht am besten durch eine Kombination der

---

[147] Vgl. *Haueter, Jill A./Hoff Macan, Therese/Winter, Joel*, Measurement of newcomer socialization: Construct validation of a multidimensional scale, in: Journal of Vocational Behavior 63 (1/2003), 20-39, 21; *Klein, Howard J./Weaver, Natasha A.*, The Effectiveness of an Organizational-Level Orientation Training Program in the Socialization of New Hires, in: Personnel Psychology 53 (1/2000), 47-66, 52.
[148] Vgl. *Moser, Klaus*, Commitment in Organisationen, Bern etc. (Hans Huber) 1996, 39-40; *Porter, Lyman W. et al.*, Organizational Commitment, Job Satisfaction, and Turnover Among Psychiatric Technicians, in: Journal of Applied Psychology 59 (5/1974), 603-609, 604;
[149] Vgl. *Mowday, Richard T./Steers, Richard M./Porter Lyman W.*, The Measurement of Organizational Commitment, in: Journal of Vocational Behavior 14 (2/1979), 224-247, 226.
[150] Vgl. *Moser, Klaus*, Commitment in Organisationen, Bern etc. (Hans Huber) 1996, 66.

Messung beider Outcomes vorhersehbar gemacht werden können.[151] Der Faktor Leistung wurde hier bewusst nicht berücksichtigt, denn selbst wenn ein Mitarbeiter erfolgreich sozialisiert ist, bedeutet dies nicht zwingend, dass er schon innerhalb der ersten ein bis zwei Jahre gute Leistungen vollbringt (z.B. aufgrund fehlender Erfahrung). In einer Studie von *Haueter, Hoff Macon* und *Winter* (2003) konnte diesbezüglich auch kein signifikanter Zusammenhang zwischen Sozialisation und Leistung festgestellt werden.[152] Zwar konnte in vorherigen Studien eine Korrelation zwischen erfolgreicher Sozialisation und Leistung aufgezeigt werden[153], letztendlich scheint die Forschungslage in diesem Fall jedoch zu unklar, um aus dem Sekundäroutcome Leistung ein festes Bedingungskriterium für eine erfolgreiche Sozialisation im Sozialisationscontrolling zu machen.

Darüber hinaus wird zwischen einer erfolgreichen und einer kompletten Sozialisation unterschieden. Als erfolgreich kann der Sozialisationsverlauf beschrieben werden, wenn der Newcomer alle gewünschten Outcomes der Phase aufweist. Dies ist auch dann der Fall, wenn der Newcomer alle Outcomes der ersten Stufe erreicht hat und der Sozialisationsprozess gerade erst begonnen hat. Die Sozialisation eines Newcomers ist nach *Feldman* (1976) komplett, wenn er alle Phasen des Sozialisationsprozesses durchlaufen hat.[154] Andere Autoren sind der Meinung, dass die Sozialisation eigentlich zu keiner Zeit der Organisationsmitgliedschaft als komplett angesehen werden kann, da sie im Grunde genommen die gesamte Dauer der Betriebszugehörigkeit umfasst.[155] Das Sozialisationscontrolling sollte jedoch nicht über die gesamte Dauer der Organisationsmitgliedschaft angewendet werden, da es sonst eher zu einem Retentionscontrolling mutieren würde. Hat der Newcomer die drei Phasen des Sozialisationscontrollings erfolgreich absolviert, ist er als „vollwertiges" Mitglied anzusehen und es bedarf keiner weiteren Sozialisationssteuerungs- oder Sozialisationskontrollmaßnahmen.

Das Sozialisationscontrolling hat eine Informations-, eine Steuerungs- und eine Kontrollfunktion: Die Informationsfunktion dient dem Abbau von Informationsdefiziten über den Sozialisationsprozess neuer Mitarbeiter. Dabei sollen möglichst frühzeitig Informationen über den Sozialisationsstand erhoben und aufbereitet werden, um einen vorzeitigen Abgang der Newcomer

---

[151] Vgl. *Moser, Klaus*, Commitment in Organisationen, Bern etc. (Hans Huber) 1996, 63-67.
[152] Vgl. *Haueter, Jill A./Hoff Macan, Therese/Winter, Joel*, Measurement of newcomer socialization: Construct validation of a multidimensional scale, in: Journal of Vocational Behavior 63 (1/2003), 20-39, 34.
[153] Vgl. *Holton III, Elwood F.*, New Employee Development: A Review and Reconceptualization, in: Human Resource Development Quarterly 7 (3/1996), 233-252, 235.
[154] Vgl. *Feldman, Daniel Charles*, A Contingency Theory of Socialization, in: Administrative Science Quarterly 21 (3/1976), 433-452, 436.
[155] Vgl. *Schanz, Günther*, Personalwirtschaftslehre, Vahlen (München) 2.Aufl. 1993, 331.

verhindern zu können. In der Steuerungsfunktion sollen Entscheidungen über Sozialisationsmaßnahmen und die Umsetzungen einer Sozialisationsstrategie gefällt werden. Die Kontrolle über den „richtigen" Verlauf des Sozialisationsprozesses obliegt der Kontrollfunktion. Dabei werden sogenannte Soll-Ist-Vergleiche angestellt. Sozialisationscontrolling ist also die systematische Steuerung und Kontrolle des Sozialisationsprozesses neuer Mitarbeiter mit dem Ziel, Frühfluktuationen zu vermeiden und Mitarbeiter mit hoher innerer Bindung an das Unternehmen zu sozialisieren. Es handelt sich also nicht um ein Sozialisationskostencontrolling, bei dem die entstehenden Kosten für die Sozialisation von Newcomern „controlled" werden.

Das Instrument des Sozialisationscontrollings kann auch zum Aufbau eines erhöhten Humankapitals beitragen. Gemäß der Saarbrücker Formel führt eine Steigerung des Commitments und eine Verringerung der Fluktuation zu einer Erhöhung im Motivationsindex und somit auch zu einem erhöhten Humankapitalwert.[156]

Das Sozialisationscontrolling sollte bei allen neuen Mitarbeitern angewandt werden, also auch bei bereits berufserfahrenen Arbeitnehmern, da auch diese erneut einen Sozialisationsprozess durchlaufen.[157] Als Person des Controllers sollte jemand eingesetzt werden, der möglichst unabhängig und unbefangen fungieren kann, also möglichst nicht der direkte Vorgesetzte oder ein Kollege aus der Arbeitsgruppe des Newcomers. Dadurch soll vermieden werden, dass die Newcomer „schwindeln" und ihre Situation beschönigen um ihrer Führungskraft bzw. den Kollegen besser zu gefallen. Falls vorhanden, kann der Controller beispielsweise aus den Reihen der Personalabteilung gestellt werden.

3.2 Methodik

Wie bereits im vorherigen Kapitel beschrieben, teilt sich das Sozialisationscontrolling in drei aufeinanderfolgende Phasen auf, die zeitlich parallel zum Sozialisationsprozess neuer Mitarbeiter in der Organisation verlaufen. Um eine möglichst strukturierte Erläuterung des Sozialisationscontrollinginstruments zu gewährleisten, werden diese drei Controllingphasen in jeweils vier Bestandteile untergliedert. Dabei handelt es sich um folgende Unterpunkte: Inhalte, Maßnahmen, Aktivierung und Erfolgsbeitrag (siehe Abb. Mentales Modell).

---

[156] Vgl. *Scholz, Christian/Stein, Volker*, Humankapital messen, in: Personal 57 (4/2006), 8-11, 9-10.
[157] Vgl. *Holton III, Elwood F.*, New Employee Development: A Review and Reconceptualization, in: Human Resource Development Quarterly 7 (3/1996), 233-252, 236.

Zur Erstellung des Punktes Inhalte werden mögliche Erfahrungen der Newcomer während der jeweiligen Phase durch eine Literaturrecherche herausgefiltert, um daraus das Vorgehen und die Inhalte je Phase im Sozialisationscontrolling abzuleiten. Hierfür werden insbesondere die verschiedenen Stufenmodelle zur Organisationalen Sozialisation (vgl. 2.1.2.1) verwendet, aber auch weitere Literatur zur Einführung neuer Mitarbeiter, z.B. von *Kieser* (1990), *Rehn* (1990) oder *Wanous* (1992).

Für den Punkt Maßnahmen werde ich zunächst Sozialisationssteuerungsinstrumente beschreiben, mit denen die Schwierigkeiten der jeweiligen Phase behoben werden können. Dafür wird zunächst überlegt, wie diese Probleme beseitigt werden können. Daraufhin werden geeignete Instrumente aus der Literatur herausgesucht. Im Anschluss daran konzipiere ich zu jeder Phase passende Evaluationsbögen, mit denen der Sozialisationserfolg erfasst werden soll. Diese gehen zum Teil auf empirische Untersuchungsfragen zum Thema Organisationale Sozialisation zurück. Verwendet werden beispielsweise die Fragenkataloge von *Rizzo, House* und *Lirtzman* (1970) (für Rollenklarheit und Rollenkonflikte), *Haueter, Macon Hoff* und *Winter* (2003) (für die Sozialisationslerndimensionen), *Mowday, Steers* und *Porter* (1979) (für Organisationales Commitment) und *O'Reilly* und *Caldwell* (1980) (für Arbeitszufriedenheit). Dabei werden einige Fragen modifiziert, um diese passend für ein Sozialisationscontrolling in einer Organisation zu gestalten. Weiterhin werden einige Fragen/Aussagen zur Evaluation selbst entwickelt. Im Anschluss an die Evaluationsbögen werden diese durch einen Soll-Ist-Vergleich ausgewertet. Es ist dabei noch zu erwähnen, dass diese Evaluationsbögen in der Praxis je nach Organisationsart und -kultur differenziert angepasst werden können. Im Rahmen dieses Buches ist jedoch nur die Konzeption genereller Evaluationsbögen möglich, bei denen dann je nach Bedarf in den Organisationen die Möglichkeit zur Anpassung besteht. So können beispielsweise die Aussagen zu den Erwartungen vor dem Eintritt in Evaluationsbogen 1 je nach Organisation und Art der zu besetzenden Position modifiziert werden.

Negative Ergebnisse im Soll-Ist-Vergleich führen zur Aktivierung. Hier werden Überlegungen angestellt, wie die herausgefilterten Schwierigkeiten aus dem Soll-Ist-Vergleich behoben werden können. Dafür werden Empfehlungen gegeben, welche Steuerungsmaßnahmen bei bestimmten Schwierigkeiten anzuwenden sind, um zum gewünschten Ergebnis zu kommen.

Im Punkt Erfolgsbeitrag sind die Outcomes der jeweiligen Controllingphase beschrieben. Um zeigen zu können, was am Ende der Phase erreicht wird, werden Inhalte aus den Stufenmodellen und den Sozialisationslerndimensionen verwendet und der Fortschritt im Sozialisationsprozess dargestellt.

4. Instrument des Sozialisationscontrollings

4.1 Phase 1: Vor dem Eintritt

4.1.1 Inhalte

Das Sozialisationscontrolling beginnt bereits vor dem Eintritt neuer Mitarbeiter in die Organisation. In dieser ersten Phase bilden sowohl der Neuling als auch die Organisation Erwartungen übereinander aus. Sind die Erwartungen der Organisation an den Neuling zu gering, kann dieser in der Folge seine Potenziale nicht vollständig ausschöpfen. Zu hoch gesetzte Erwartungen an den Neuen können zu einem hohen Druck und einer Abwendung des Neulings vom Unternehmen führen.[158] Der Newcomer erhält in der Vorphase Informationen durch seine Familie, Freunde und die Organisation selbst.[159] Dabei mangelt es bei den neuen Mitarbeitern oft an wichtigen Informationen. So wissen z.B. über drei viertel vor Arbeitsbeginn nicht, ob für sie ein Einarbeitungsprogramm geplant ist und von wem sie eingearbeitet werden. Darüber hinaus haben über zwei drittel der Neulinge ihre zukünftigen Kollegen noch nicht kennen gelernt und wissen nicht, ob für sie Einführungsveranstaltungen angeboten werden.[160] Bei vielen Neulingen ist es auch so, dass sie mit einer zu hohen Erwartungshaltung in das Unternehmen eintreten. Diese Erwartungen werden dann im späteren Verlauf der Integration enttäuscht, was wiederum zu geringerem Commitment, höherer Abwesenheit und höherer Fluktuationsneigung führt (vgl. Kapitel 2.1.3.4).

Besonders in dieser Phase des Sozialisationscontrollings sollte eine Vermeidung späterer Negativeffekte angestrebt werden, gerade im Hinblick auf die hohen Fluktuationswerte in der Anfangszeit. Es geht also in erster Linie darum, dem Neuling ein realistisches Bild über Organisation und Tätigkeit zu vermitteln. In Studien konnte eine durchschnittliche Senkung der Frühfluktuation von 10,5 Prozent durch den Einsatz einer realistischen Tätigkeitsvorschau nachgewie-

---

[158] Vgl. *Porter, Lyman W./Lawler III, Edward E./Hackman, J. Richard*, Behavior in Organizations, Tokio et al. (McGraw-Hill) 1975, 178.
[159] Vgl. *Porter, Lyman W./Lawler III, Edward E./Hackman, J. Richard*, Behavior in Organizations, Tokio et al. (McGraw-Hill) 1975, 163.
[160] Vgl. *Rehn, Marie-Luise*, Die Eingliederung neuer Mitarbeiter. Eine Längsschnittstudie zur Anpassung an Normen und Werte der Arbeitsgruppe, München-Mering (Hamp) 1990, 145-146.

sen werden.[161] Er sollte dabei nicht nur über positive Aspekte der Stelle informiert werden, sondern auch über typische Enttäuschungen und häufige Anpassungsprobleme sowie die damit verbundenen Gefühle. Dadurch kann sich der Newcomer bereits vor dem Eintritt in die Organisation innerlich auf mögliche Schwierigkeiten vorbereiten.[162] Außerdem helfen realistische Informationen dem Neuling bei Sozialisationsaktivitäten wie der Rollendefinition, der Unsicherheitsreduktion oder beim Herausfinden der Erwartungen der Organisation an die eigene Person.[163]

Das Vorgehen im Sozialisationscontrolling sollte also mit einer realistischen Vorschau auf die zukünftige Tätigkeit beginnen (z.B. schon mit einer realistischen Stellenanzeige). Erwartungsenttäuschungen resultieren meist aus unrealistischen Vorannahmen, die dadurch verursacht wurden, dass wichtige Informationen dem Neuling nicht bekannt waren und der Arbeitsplatz und die Organisation beschönigt dargestellt wurden (z.B. im Auswahlgespräch).[164] Diese Erwartungsenttäuschungen sollten durch das Sozialisationscontrollinginstrument vermieden werden.

Zur Steuerung der Erwartungen bzw. des Sozialisationsprozesses werden in 4.1.2.1 einige Steuerungsmaßnahmen erläutert (Steuerungsfunktion). Noch vor dem Eintritt in die Organisation sollte auch mit der Informationsgewinnung über die Erwartungen der Neuen begonnen werden (Informationsfunktion). Dies soll durch die Durchführung eines speziell für diesen Zweck erstellten Evaluationsbogens geschehen (der Evaluationsbogen wird in 4.1.2.2 erläutert). Im Anschluss daran werden die daraus resultierenden Daten ausgewertet und mit vorher erstellten realistischen Soll-Werten verglichen (Kontrollfunktion). Wenn dieser Soll-Ist-Vergleich bereits realistische Erwartungen des Neulings in Bezug auf die Organisation bescheinigt, ist vom Einsatz weiterer sozialisationsfördernder Maßnahmen in dieser Phase abzusehen und die nächste Phase im Sozialisationscontrolling kann beginnen. Falls der Neue aber noch immer unrealistische Erwartungen hat, sollten weitere Sozialisationsmaßnahmen eingeleitet werden (Aktivierung). Es geht dabei also in der ersten Sozialisationsphase vor allem darum, dem Neuen ein realistisches Bild seiner zukünftigen Tätigkeit aufzuzeigen, um die oben angesprochenen Negativeffekte enttäuschter Erwartungen zu vermeiden.

---

[161] Vgl. *Wanous, John Parcher*, Organizational Entry. Recruitment, Selection, Orientation, and Socialization of Newcomers, Reading etc. (Addison-Wesley) 2.Aufl. 1992, 81.
[162] Vgl. *Kieser, Alfred et al.*, Die Einführung neuer Mitarbeiter in das Unternehmen, Neuwied (Kommentator) 2.Aufl. 1990, 15; *Wanous, John Parcher/Reichers, Arnon E.*, New Employee Orientation Programs, in: Human Resource Management Review 10 (4/2000), 435-451, 442.
[163] Vgl. *Feldman, Daniel Charles*, A Contingency Theory of Socialization, in: Administrative Science Quarterly 21 (3/1976), 433-452, 441-443; *Nelson, Debra L./Quick, James C.*, Social support and newcomer adjustment in organizations: Attachment theory at work?, in: Journal of Organizational Behavior 12 (4/1991), 543-554, 313-314.
[164] Vgl. *Kieser, Alfred et al.*, Die Einführung neuer Mitarbeiter in das Unternehmen, Neuwied (Kommentator) 2.Aufl. 1990, 12-13.

4.1.2 Maßnahmen

Um Erwartungsenttäuschungen und einen Realitätsschock verhindern zu können bieten sich einige Maßnahmen an, die bereits vor dem Eintritt der Neuen in die Organisation eingesetzt werden sollten. Dabei werden zunächst einige Instrumente zur Steuerung des Sozialisationsprozesses, in dieser Phase zum Aufbau realistischer Erwartungen, beschrieben. Danach werden ein Evaluationsbogen und ein Soll-Ist-Vergleich zur Information und Kontrolle über die Erwartungshaltungen erläutert.

4.1.2.1 Steuerung

Schulung der Interviewer der Auswahlgespräche:
Besonders in Einstellungsgesprächen neigen die Interviewer dazu, die Organisation und die zukünftige Stelle des Bewerbers möglichst positiv darzustellen. Dies führt dann in den meisten Fällen zu überhöhten Erwartungen bei den Neuen. Deshalb ist es sinnvoll, die Newcomer bereits hier auf mögliche Belastungsschwerpunkte aufmerksam zu machen. So ist es beispielsweise nicht empfehlenswert, den Neuling in den Glauben zu versetzen, seine Tätigkeit wäre spannend und abwechslungsreich, wenn dies nicht so ist. Dadurch würde es aller Voraussicht nach zu enttäuschten Erwartungen und den damit verbundenen Negativeffekten kommen (vgl. Kap. 2.1.3). Außerdem ist es wichtig, dass die Interviewer lernen mit der besonderen Situation der Bewerber umzugehen. In der Regel befindet sich der Bewerber in einer Stresssituation, was die Kommunikation erschwert. Deshalb sollte der Interviewer lernen zu erkennen, ob der Bewerber die wichtigen Informationen aufgenommen und verstanden hat.[165]

Informationsbroschüre:
Im Sinne einer realistischen Tätigkeitsvorschau kann es sinnvoll sein, den Neulingen mit Hilfe einer Informationsbroschüre erste Informationen zum Unternehmen und zur zukünftigen Tätigkeit zukommen zu lassen. Eine solche Broschüre kann dem Neuen die Unternehmensphilosophie näher bringen und sollte über Umgangsformen und Führungsgrundsätze der Organisation sowie das Unternehmen selbst (Geschichte, Produktprogramm, Marktposition etc.) informieren und

---

[165] Vgl. *Kieser, Alfred et al.*, Die Einführung neuer Mitarbeiter in das Unternehmen, Neuwied (Kommentator) 2.Aufl. 1990, 58, 144; *Rehn, Marie-Luise*, Die Eingliederung neuer Mitarbeiter, in: *Moser, Klaus/Stehle, Willi/Schuler, Heinz*, Personalmarketing. Beiträge zur Organisationspsychologie 9, Göttingen-Stuttgart (Angewandte Psychologie) 1993, 87.

wichtige Hinweise zur späteren Stelle liefern. Des Weiteren bietet es sich an, nicht nur positive Aspekte bei der Arbeit im Unternehmen zu beleuchten, sondern auch über mögliche Negativfaktoren zu berichten. So können sich die Newcomer schon vorab auf diese negativen Erfahrungen einstellen und sie so abschwächen. Außerdem ist darauf zu achten, dass die Broschüre nicht mit Sachinformationen „voll gestopft", sondern ansprechend gestaltet wird, da sie sonst als eher langweilig empfunden werden könnte und nur unaufmerksam gelesen wird.[166]

Filme und Videoaufzeichnungen:
Filme und Videoaufzeichnungen können inhaltlich ähnlich gestaltet werden wie die Informationsbroschüre. Dabei ergibt sich gegenüber der Broschüre der Vorteil, bestimmte Arbeitssituationen besser darstellen zu können. So kann beispielsweise ein Mitarbeiter bei der Ausübung einer typischen Tätigkeit vorgeführt werden. Es können jedoch auch kritische Situationen gezeigt werden, die im Arbeitsleben möglicherweise zu Enttäuschungen bei den Neuen führen. Zusätzlich kann der Film Informationen über das Unternehmen, seine Philosophie sowie die zukünftigen Kollegen und Arbeitsbereiche enthalten.[167]

Homepage:
Die Homepage des Unternehmens kann in dieser Phase als realistische Informationsquelle dienen. Hier können die oben aufgeführten Informationen aus der Informationsbroschüre enthalten sein (man könnte auch eine e-Broschüre erstellen) und auch Videos und Filme über Unternehmen und Tätigkeitsfelder abspielbereit geliefert werden. So hat der Bewerber die Chance sich schon weit vor dem Eintritt in die Organisation ein Bild über seine angestrebte Stelle zu machen. Weiterhin kann der Newcomer via Email Kontakt aufnehmen und so relativ schnell Antworten auf seine Fragen erhalten.[168]

Erstes Kennenlernen des Arbeitsplatzes und der Kollegen:
Dieses Mittel eignet sich um die Newcomer erstmals mit der „Organisationsrealität" zu konfrontieren. So sieht der Neue bereits vor dem Eintritt in die Organisation, was auf ihn zukommt und

---

[166] Vgl. *Kieser, Alfred et al.*, Die Einführung neuer Mitarbeiter in das Unternehmen, Neuwied (Kommentator) 2.Aufl. 1990, 58, 143-144; *Rehn, Marie-Luise*, Die Eingliederung neuer Mitarbeiter, in: *Moser, Klaus/Stehle, Willi/Schuler, Heinz*, Personalmarketing. Beiträge zur Organisationspsychologie 9, Göttingen-Stuttgart (Angewandte Psychologie) 1993, 88.
[167] Vgl. *Kieser, Alfred et al.*, Die Einführung neuer Mitarbeiter in das Unternehmen, Neuwied (Kommentator) 2.Aufl. 1990, 144.
[168] Vgl. *Flanagin, Andrew J./Waldeck, Jennifer H.*, Technology Use and Organizational Newcomer Socialization, in: Journal of Business Communication 41 (2/2004), 137-165, 145.

kann sich mental darauf einstellen. Er kann dabei auch schon die wichtigsten Aufgabenfelder seiner Stelle vorgeführt bekommen. Darüber hinaus kann er so erste Kontakte knüpfen und sich mit den zukünftigen Kollegen austauschen. Dies kann dem Neuling auch im späteren Verlauf des Sozialisationsprozesses von Nutzen sein, da er so schon jemanden kennt und daher weniger Alleinseinsgefühle erfahren wird. Des Weiteren wird sich so wahrscheinlich die Chance auf soziale Unterstützung in der Folgezeit der Eingliederung erhöhen.[169]

Vorbereiten des Arbeitsplatzes und der Kollegen auf den Neuen:
Wenn der Neue seinen Arbeitsplatz erstmals antritt, sollte dieser gut und vollständig vorbereitet sein. Dazu gehören die Bereitstellung von Schreibtisch, Computer, Telefon, Internetzugang etc., aber evtl. auch ein fester Parkplatz oder Arbeitsbekleidung. Wenn dies nicht der Fall ist, kann es beim Neuling den Eindruck erwecken, gar nicht erwartet worden oder sogar unerwünscht in seiner Abteilung zu sein. Darüber hinaus sollten auch die Kollegen bereits im Vorfeld erfahren, dass ein neuer Mitarbeiter zu ihrer Arbeitsgruppe stößt. So soll vermieden werden, dass die etablierten Mitarbeiter von der Neubesetzung überrascht werden und Barrieren zum „Selbstschutz" errichten. In dieser Phase kann auch schon ein Pate oder Mentor auserwählt werden, der den Newcomer ab dessen Eintritt in die Organisation „unter seine Fittiche nimmt".[170]

4.1.2.2 Information und Kontrolle

Evaluationsbogen 1 (im Anhang):
Aufbauend auf den Untersuchungsfragen zu Erwartungen vor dem ersten Arbeitstag von *Rehn* (1990)[171] und *Drescher* (1992)[172] wurde ein Evaluationsbogen zur Kontrolle über die Erwartungshaltung bei den Newcomern vor dem Arbeitsbeginn erstellt. Aus dem 60 Fragen umfassenden Fragebogen zu Erwartungen vor dem ersten Arbeitstag bezüglich der ersten Wochen im Unternehmen von *Rehn* wurden 18 Fragen übernommen bzw. modifiziert. Dabei wurden viele der Fragen nicht 1-zu-1 übernommen, da diese zuerst passend für die Zwecke des Sozialisations-

---

[169] Vgl. *Rehn, Marie-Luise*, Die Eingliederung neuer Mitarbeiter. Eine Längsschnittstudie zur Anpassung an Normen und Werte der Arbeitsgruppe, München-Mering (Hamp) 1990, 252-253.
[170] Vgl. *Kratz, Hans-Jürgen*, Neue Mitarbeiter erfolgreich integrieren. Nutzen Sie ein praxiserprobtes Einführungskonzept, Wien (Ueberreuter) 1997, 30, 35-36.
[171] Vgl. *Rehn, Marie-Luise*, Die Eingliederung neuer Mitarbeiter. Eine Längsschnittstudie zur Anpassung an Normen und Werte der Arbeitsgruppe, München-Mering (Hamp) 1990, A6-A12.
[172] Vgl. *Drescher, Peter*, Organisationale Sozialisation. Eine Studie über das Wohlbefinden von Berufseinsteigern, Münster-New York (Waxmann) 1993, Anhang 1.

controllings abgeändert werden mussten. Zu detaillierte Fragen, wie „An meinem ersten Arbeitstag stehen auf meinem Schreibtisch Blumen.", wurden nicht übernommen, um den Evaluationsbogen überschaubar zu halten. Zehn Aussagen des Evaluationsbogens stammen in modifizierter Form aus dem 25 Fragen umfassenden Fragebogen von *Drescher*. Hierbei wurde auf die Vermeidung von Überschneidungen im Evaluationsbogen geachtet. Deshalb wurden einige, sich überschneidende Fragen (z.B. „Ich erwarte tagtäglich dasselbe zu tun.", „Wie vielseitig wird ihre Tätigkeit sein?", „Meine Tätigkeit wird durch große Aufgabenvielfalt gekennzeichnet sein") in einer Aussage zusammengefasst („Ich erwarte eine vielseitige/ abwechslungsreiche Tätigkeit."). Des Weiteren wurden die Erwartungsbereiche nach *Kieser et al.* (1980) (Bezahlung, Tätigkeit, Unternehmen im Allgemeinen, soziale Beziehungen, Einarbeitung, Arbeitsbedingungen, Verhältnis von Tätigkeit vs. Privatsphäre)[173] zur Erstellung von neun selbstformulierten Aussagen genutzt (z.B. „Ich erwarte ein systematisches Einarbeitungsprogramm."). Alle Aussagen zu den Erwartungen wurden dabei im Evaluationsbogen nach den Hauptdimensionen von *Haueter, Macon Hoff* und *Winter* (2003) (Organisation, Arbeitsgruppe und Aufgabe) untergliedert. Erwartungen bezüglich der Bezahlung, des Unternehmens im Allgemeinen, der Einarbeitung und der Arbeitsbedingungen gingen in den Block „Organisation" ein. Erwartungen in Bezug auf soziale Beziehungen werden im Block „Arbeitsgruppe" abgefragt und Erwartungen zur Tätigkeit und zum Verhältnis Tätigkeit vs. Privatsphäre im Block „Aufgabe". Zu Beginn des Evaluationsbogens befindet sich eine Aufgabenstellung, durch welche den Neulingen der Sinn der Befragung deutlich gemacht und Angst vor negativen Folgen bei wahrheitsgemäßer Beantwortung genommen werden soll.

Im Evaluationsbogen befinden sich je zwölf geschlossene Aussagen zu den Erwartungen gegenüber der Organisation, der Aufgabe und der Arbeitsgruppe. Die Aussagen werden auf einer fünfstufigen Likert-Skala bewertet, wobei 1 „ich stimme absolut nicht zu" und 5 „ich stimme voll zu" bedeutet. So kann herausgefunden werden, inwieweit bestimmte Vorkommnisse vom Newcomer erwartet werden. Zum Ende des Evaluationsbogens haben die Neulinge noch die Möglichkeit, weitere, nicht abgefragte Erwartungen in einer offenen Fragestellung zu beantworten. Dadurch soll vermieden werden, dass diese Erwartungen durch Lücken im Evaluationsbogen nicht erkannt werden.

Doch bevor der Evaluationsbogen von den neuen Mitarbeitern ausgefüllt wird, sollten der Controller (ggf. zusammen mit der Führungskraft und den Arbeitskollegen) die Soll-Werte für

---

[173] Vgl. *Kieser, Alfred et al.*, Die Einführung neuer Mitarbeiter in das Unternehmen, Neuwied (Kommentator) 2.Aufl. 1990, 53.

die einzelnen Evaluationsbereiche festlegen. Hierbei sollten sie mit Sorgfalt vorgehen, um später im Soll-Ist-Vergleich relevante Ergebnisse erzielen zu können. So kann beispielsweise bei Aussage 25 („ich erwarte eine anspruchsvolle Tätigkeit") ein Wert von 1-5 angesetzt werden, je nachdem wie anspruchsvoll die Tätigkeit von den Controllern tatsächlich eingeschätzt wird. Für die Position als Personalchef eines Großunternehmens könnte hier beispielsweise ein Wert von 5 angesetzt werden, während beim Lebensmittelfilialleiter beispielsweise eher ein Wert von 3 in Frage kommt.

Noch vor dem Eintritt der Neuen in die Organisation sollten die Evaluationsbögen ausgefüllt werden. Mit deren Hilfe können die Erwartungen der Newcomer bereits vor dem Arbeitsbeginn erfasst werden. Nach dem Ausfüllen der Evaluationsbögen werden diese durch einen Soll-Ist-Vergleich ausgewertet. Dafür werden die ermittelten Ist-Werte mit den zu Beginn bestimmten Soll-Werten verglichen. Wenn die beschriebenen Sozialisationssteuerungs-maßnahmen im Vorfeld angewendet worden sind, sollten die Neueinsteiger i.d.R. kaum noch falsche Erwartungen haben. Abweichungen von mehr als einem Punkt führen zur Aktivierung (4.1.3).

4.1.3 Aktivierung

Weist ein Kandidat beim Soll-Ist-Vergleich eine oder mehrere gravierende Abweichungen vom Soll-Wert auf, sollte er in einem Gespräch mit dem Controller über die Realität in der Organisation aufgeklärt werden, so dass er realistische Erwartungen ausbildet. Wenn also beispielsweise ein Neuling bei Aussage 26 zur körperlichen Belastung mit einem Wert von zwei antwortet, obwohl es sich nach Soll-Wert um eine körperlich sehr anspruchsvolle Tätigkeit mit dem Wert fünf handelt, sollte der Newcomer zum Gespräch eingeladen werden, um über die tatsächliche Belastung seiner zukünftigen Stelle aufgeklärt zu werden. Darüber hinaus bekommt der Controller im Gespräch die Möglichkeit Informationen über mögliche Gründe für falsche Erwartungen zu erhalten.

Bei falschen Erwartungen zur Tätigkeit bietet es sich darüber hinaus an, den Newcomer zu einem „Beobachtungstag" einzuladen, um diesen in einem Gespräch aufzuklären und ihm gegebenenfalls die Chance zu geben, Mitarbeiter bei der Ausführung der Tätigkeit zu beobachten (in der Realität oder in Videoaufzeichnungen). Ähnlich kann auch bei falschen Erwartungen bezüglich der Arbeitsgruppe vorgegangen werden. Auch hier sollte der Neueinsteiger eingeladen werden, um sich ein realistisches Bild über seine zukünftige Arbeitsgruppe machen zu können.

Falls noch kein Kennenlernen von Newcomer und zukünftigen Kollegen stattgefunden hat, sollte dieses nun nachgeholt werden. Bei falschen Erwartungen zur Organisation bieten sich beispielsweise der Einsatz einer Informationsbroschüre oder von Filmen und Videoaufzeichnungen an, die dem neuen Mitarbeiter vorgeführt werden können. Auch der Hinweis auf entsprechende Inhalte auf der Homepage ist denkbar.

4.1.4 Erfolgsbeitrag

Es konnte in diversen Studien gezeigt werden, dass die Fluktuationsrate durch die Verwendung einer realistischen Tätigkeitsvorschau stark gesenkt werden kann. Dies liegt daran, dass die Bewerber so eine eher realistische Erwartungshaltung bezüglich der Organisation und ihrer zukünftigen Stelle ausbilden. Dadurch können die negativen Effekte aus enttäuschten Erwartungen (Realitätsschock) reduziert bzw. vermieden werden.[174] Es ist also davon auszugehen, dass die Newcomer am Ende dieser Phase realistische Erwartungen bezüglich der Organisation, ihrer Arbeitsgruppe und Tätigkeit angenommen haben. Darüber hinaus konnten sie sich ein erstes Bild vom Unternehmen machen und bereits erste Kontakte knüpfen (mindestens zum Interviewer des Einstellungsgesprächs).

4.2 Phase 2: Anfangszeit

„When a brand-new employee enters an organization to begin work, it is somewhat like a late arrival joining a party where he knows only a few people."[175]

4.2.1 Inhalte

Diese Phase des Sozialisationscontrollings beginnt mit dem Tag des Eintritts des Neulings in die Organisation und bezieht sich zeitlich auf die Encounter-Phase im Sozialisationsprozess, also die ersten ein bis zwei Monate. Gerade die Anfangszeit wird als besonders stressig und mit vielen

---

[174] Vgl. *Wanous, John Parcher*, Organizational Entry. Recruitment, Selection, Orientation, and Socialization of Newcomers, Reading etc. (Addison-Wesley) 2.Aufl. 1992, 74-82.
[175] Vgl. *Porter, Lyman W./Lawler III, Edward E./Hackman, J. Richard*, Behavior in Organizations, Tokio et al. (McGraw-Hill) 1975, 172.

Unsicherheiten wahrgenommen und gilt als die Wichtigste im Sozialisationsverlauf.[176] Dabei enthält diese Zeit besonders viele Parallelen zur im obigen Zitat beschriebenen Situation. Die Neuen kommen meist als Fremde in eine ihnen recht unbekannte Organisation mit neuen Kollegen und Aufgaben. Sie werden in ein ungewohntes Organisationsumfeld „verpflanzt" und müssen die „Spielregeln" des Unternehmens erst noch erlernen. Dementsprechend kann es in dieser Phase schnell zu Orientierungslosigkeit und Fremdheitsempfinden kommen.[177] Die Neueinsteiger haben in der Regel noch kaum Beziehungen aufgebaut, wodurch die Suche nach relevanten Informationen (z.B. zur Rollendefinition oder Beurteilung der eigenen Leistung) erschwert wird.[178] Aus diesem Grund sollte den Newcomern in dieser Phase stark bei der Informationssuche und dem Beziehungsaufbau geholfen werden, so wie man als guter Gastgeber einer Party seinen neuen Gast mit den anderen Gästen bekannt macht und versucht ihn in die Feier zu integrieren, damit er sich wohl fühlt und gerne länger bleibt.

Darüber hinaus kommt es in dieser Phase zu einem ersten Abgleich der Erwartungen mit der Realität in der Organisation.[179] Wenn die Erwartungen der Neuen in der vorherigen Controllingphase nicht realistisch definiert wurden, kann es hier schnell zu negativen Überraschungen (zum Realitätsschock) für den Newcomer kommen.[180] Die negativen Effekte des Realitätsschocks können jedoch durch einen guten Kontakt zur Führungskraft und Kollegen teilweise aufgefangen werden.[181]

Weiterhin ist es außerordentlich wichtig, wie der Neue in der Organisation willkommen geheißen wird. Wird ihm kaum Beachtung geschenkt und hat er kaum Chancen sich in der Arbeitsgruppe zu integrieren und soziale Kontakte zu knüpfen, kommt es recht schnell zu einem Einsamkeitsgefühl und einem Vertrauensverlust in seinen Arbeitgeber.[182] Wenn sich ein Newco-

---

[176] Vgl. *Black, J. Stewart/ Ashfort, Susan J.*, Fitting In or Making Jobs Fit: Factors Affecting Mode of Adjustment of New Hires, in: Human Relations 48 (4/1995), 421-437, 423; *Cooper-Thomas, Helena/Anderson, Neil*, Newcomer adjustment: The Relationship between organizational socialization tactics, information acquisition and attitudes, in: Journal of Occupational and Organizational Psychology 75 (4/2002), 423-437, 426.
[177] Vgl. *Rehn, Marie-Luise*, Die Eingliederung neuer Mitarbeiter. Eine Längsschnittstudie zur Anpassung an Normen und Werte der Arbeitsgruppe, München-Mering (Hamp) 1990, 241.
[178] Vgl. *Rehn, Marie-Luise*, Die Eingliederung neuer Mitarbeiter, in: *Moser, Klaus/Stehle, Willi/Schuler, Heinz*, Personalmarketing. Beiträge zur Organisationspsychologie 9, Göttingen-Stuttgart (Angewandte Psychologie) 1993, 81; *Taormina, Robert J.*, Organizational Socialization: A Multidomain, Continuous Process Model, in: International Journal of Selection and Assessment 5 (1/1997), 29-47, 39-40.
[179] Vgl. *Major, Debra et al.*, A Longitudinal Investigation of Newcomer Expectations, Early Socialization Outcomes, and the Moderating Effects of Role Development Factors, in: Journal of Applied Psychology 80 (3/1995), 418-431, 418.
[180] Vgl. *Louis, Meryl R.*, Surprise and Sense Making: What Newcomer Experience in Entering Unfamiliar Organizational Settings, in: Administrative Science Quarterly 25 (2/1980), 226-251, 230-231.
[181] Vgl. *Major, Debra et al.*, A Longitudinal Investigation of Newcomer Expectations, Early Socialization Outcomes, and the Moderating Effects of Role Development Factors, in: Journal of Applied Psychology 80 (3/1995), 418-431, 424.
[182] Vgl. *Kratz, Hans-Jürgen*, Neue Mitarbeiter erfolgreich integrieren. Nutzen Sie ein praxiserprobtes Einführungskonzept, Wien (Ueberreuter) 1997, 11.

mer nicht in seiner Arbeitsgruppe integriert fühlt, verliert er schnell an Motivation und somit an Einsatzfreude und Leistungsbereitschaft.[183] Nicht selten scheitert die Sozialisation neuer Mitarbeiter am Misslingen der sozialen Integration und endet mit Formulierungen wie „die Chemie hat nicht gestimmt".[184] Es sollte also angestrebt werden, dem Newcomer einen möglichst freundlichen Empfang zu bieten und ihm den Aufbau sozialer Kontakte zu erleichtern.

Diese Phase des Sozialisationscontrollings kann als die vielleicht Wichtigste im gesamten Prozess angesehen werden, denn besonders in der Anfangszeit im Unternehmen entscheidet sich, ob ein Newcomer im Unternehmen etabliert wird oder nicht.[185] Dabei sollte zunächst bestimmt werden, welche Art von Sozialisationsstrategie angebracht ist. Sollte man eine Rolleninnovation anstreben und den Status quo verändern wollen, bieten sich individualisierte Einarbeitungsprogramme an. Für unsere Zwecke scheint jedoch eine institutionalisierte Sozialisationstaktik vorteilhafter, da so die Unsicherheiten zu Beginn gesenkt und weniger Rollenambiguität, Rollenkonflikte, mehr Zufriedenheit und ein erhöhtes Commitment erreicht werden. Darüber hinaus wird so die Übernahme der Rollen und Normen der Organisation durch den Newcomer erleichtert (vgl. Kap. 2.1.2.2). Die Newcomer sollten also in Gruppen nach einem Einarbeitungsplan eingeführt werden. Dabei sollten sie nicht im Sinne einer „Wirf ins Wasser-Strategie" gleich zu Beginn als volle Arbeitskräfte eingeplant, sondern behutsam und mit der Unterstützung von erfahreneren Mitarbeitern aufgebaut werden.

Um dem Neuling dabei zu helfen, soziale Kontakte zu knüpfen, ihm Orientierung zu geben und beim „Sense-making" zu unterstützen, bieten sich ebenfalls einige Steuerungsmaßnahmen an, die in 4.2.2.1 beschrieben werden. Nach dem Einsatz einiger dieser Instrumente werden deren Wirkung und der Sozialisationsstand der Neuen anhand eines Evaluationsbogens kontrolliert. So können die Controller Informationen darüber erhalten, ob sich die Erwartungen der Newcomer erfüllt haben und ob sie erste Beziehungen zu den Kollegen aufbauen konnten. Wenn hier noch Defizite bestehen, können erneut einige Sozialisationsmaßnahmen ergriffen werden (Aktivierung), um die „richtigen" Ergebnisse bei der Auswertung des Evaluationsbogens zu erzielen.

---

[183] Vgl. *Brenner, Doris/Brenner, Frank*, Inplacement – neue Mitarbeiter erfolgreich einarbeiten und integrieren, Köln (Deutscher Wirtschaftdienst) 2001, 4.
[184] Vgl. *Brenner, Doris/Brenner, Frank*, Inplacement – neue Mitarbeiter erfolgreich einarbeiten und integrieren, Köln (Deutscher Wirtschaftdienst) 2001, 10.
[185] Vgl. *Verfürth, Claus*, Einarbeitung, Integration und Anlernen neuer Mitarbeiter, in: *Bröckermann, Reiner/Müller-Vorbrüggen, Michael*, Handbuch Personalentwicklung. Die Praxis der Personalbildung, Personalförderung und Arbeitsstrukturierung, Stuttgart (Schäffer-Poeschel) 2.Aufl. 2008, 131-150, 141.

4.2.2 Maßnahmen

Um die frühen Unsicherheiten der Neuen nach dem Eintritt in die Organisation zu bekämpfen und beim Beziehungsaufbau zu helfen, bieten sich eine Reihe von Sozialisationssteuerungsinstrumenten an. Im Anschluss daran wird ein Evaluationsbogen mit Soll-Ist-Vergleich zur Information über und Kontrolle des Sozialisationserfolgs erläutert.

4.2.2.1 Steuerung

Initiationsrituale:
Zu Beginn des ersten Tages der Neuen in der Organisation können Aufnahmezeremonien veranstaltet werden, bei denen die Newcomer vom Vorstand und den Führungskräften persönlich begrüßt werden. Diese Art von Zeremonie soll dabei als Signal für Aufmerksamkeit und Akzeptanz im neuen Umfeld dienen. Mithilfe solcher Rituale kann die Bindung der Neuen an die Organisation gestärkt werden.[186] Des Weiteren kann in einer kurzen Ansprache auf die Organisationsphilosophie und ihre Werte eingegangen werden.[187]

Orientierungsveranstaltungen:
In der Orientierungsveranstaltung sollen die Neuen das Unternehmen und seine Abteilung erstmals genauer kennen lernen. Das eben erwähnte Initiationsritual kann dabei beispielsweise zu Beginn einer Orientierungsveranstaltung integriert werden. Zu beachten ist bei einer solchen Veranstaltung, dass sie nicht zu einer Public-Relations-Veranstaltung verkommt, sondern nützliche Hinweise liefert und zum gegenseitigen Kennenlernen beiträgt. Hier sollten die „wichtigen" Personen der Organisation vertreten sein und neben der Präsentation auch bereit sein, die aufkommenden Fragen der Newcomer zu beantworten.[188] Inhaltlich kann in solchen Veranstaltungen

---

[186] Vgl. *Berthel, Jürgen/Becker, Fred G.*, Personal-Management. Grundzüge für Konzeptionen betrieblicher Personalarbeit, Stuttgart (Schäffer-Poeschel) 8.Aufl. 2007, 285.
[187] Vgl. *Kieser, Alfred et al.*, Die Einführung neuer Mitarbeiter in das Unternehmen, Neuwied (Kommentator) 2.Aufl. 1990, 146.
[188] Vgl. *Berthel, Jürgen/Becker, Fred G.*, Personal-Management. Grundzüge für Konzeptionen betrieblicher Personalarbeit, Stuttgart (Schäffer-Poeschel) 8.Aufl. 2007, 285; *Rehn, Marie-Luise*, Die Eingliederung neuer Mitarbeiter, in: *Moser, Klaus/Stehle, Willi/Schuler, Heinz*, Personalmarketing. Beiträge zur Organisationspsychologie 9, Göttingen-Stuttgart (Angewandte Psychologie) 1993, 91.

beispielsweise über Sicherheitsvorschriften, soziale Einrichtungen und Leistungen, interne Regelungen oder betriebliche Räumlichkeiten informiert werden.[189]

Einführungsseminare:
In größeren Unternehmen bietet sich die Einführung neuer Mitarbeiter durch mehrtägige Seminare an (auch außerhalb der Organisation). Hier können den Neulingen interessante Sachverhalte wie die Geschichte, die Produktpalette, die Strukturen, die Führungsgrundsätze und die zentralen Werte der Organisation näher gebracht werden und über innerbetriebliche Fortbildungsmöglichkeiten informiert werden. Dabei sollte den Newcomern die Chance gegeben werden sich möglichst schon jetzt viele fachliche Qualifikationen für die Bearbeitung der Aufgaben im Unternehmen anzueignen. Hierfür bieten sich in diesem Rahmen Rollenspiele, Gruppendiskussionen oder Fallübungen an. Genau wie bei den Orientierungsveranstaltungen sollten auch hier die „wichtigen" Personen des Unternehmens vertreten sein, um die Relevanz solcher Veranstaltungen zu unterstreichen. Diese Seminare sollten zu einer erhöhten Motivation und einer Erleichterung der Integration bei den neuen Mitarbeitern führen, denn je besser die Neulinge auf ihr neues Umfeld eingestimmt sind, desto unwahrscheinlicher sind Enttäuschungen in der Organisationsrealität.[190]

Patensystem:
Im Patensystem dient ein gleichgestellter, erfahrener Mitarbeiter dem Neuen zur persönlichen Unterstützung. Dabei ist eine freiwillige Zuordnung einer Einteilung durch die Vorgesetzten vorzuziehen. Dies könnte beispielsweise im Rahmen des ersten Kennenlernens in der vorherigen Controllingphase geschehen. Wenn ein erfahrener Mitarbeiter beispielsweise einen Neuling besonders sympathisch findet, kann er sich als Pate für dessen Einführung anmelden. Der Pate soll dem neuen Mitarbeiter dabei als primäre Informationsquelle dienen. Er soll ihn in seine neue Arbeitsgruppe einführen, ihn fachlich einarbeiten, ihm die Regeln und Werte in der Organisation näher bringen und ihm persönlich zu Seite stehen. Wichtig ist dabei, dass er genügend Zeit für die Betreuung mitbringt und über soziales Geschick im Umgang mit Newcomern verfügt. Durch das Patensystem kann der Neue relativ schnell relevante Information zum Unsicherheitsabbau

---

[189] Vgl. *Kratz, Hans-Jürgen*, Neue Mitarbeiter erfolgreich integrieren. Nutzen Sie ein praxiserprobtes Einführungskonzept, Wien (Ueberreuter) 1997, 46-51.
[190] Vgl. *Freimuth, Joachim*, Die Einführung neuer Mitarbeiter, in: Personal (5/1986), 200-203, 203; *Kieser, Alfred*, Einarbeitung neuer Mitarbeiter, in: *von Rosenstiel, Lutz/Regnet, Erika/Domsch, Michel (Hrsg.)*, Führung von Mitarbeitern, Stuttgart (Schäffer-Poeschel) 5.Aufl 2003, 183-194, 190; *Kratz, Hans-Jürgen*, Neue Mitarbeiter erfolgreich integrieren. Nutzen Sie ein praxiserprobtes Einführungskonzept, Wien (Ueberreuter) 1997, 60.

erhalten. Jedoch ist zu beachten, dass der Pate nicht zu viele Aufgaben aus dem Bereich des Vorgesetzten übernimmt (z.B. Feedback und Beurteilung der Leistung des Neuen), da es sonst zu Problemen kommen kann, weil sich der Vorgesetzte kaum noch für den Newcomer verantwortlich fühlt.[191]

Mentoring:
Beim Mentoring kümmert sich ein hierarchisch höher gestellter Mitarbeiter um die Belange des Neulings. Dabei dient er dem Neuen als primärer Ansprechpartner, soll unabhängig dessen Potential einschätzen, Feedback geben und bei Problemen zwischen Newcomer und Vorgesetzten oder Kollegen vermitteln. Darüber hinaus sollte er als Vorbild, Lehrer/Coach, Talentförderer, Türöffner und Beschützer fungieren. Der Mentor soll dem Neuling also bei der Entwicklung und Entfaltung seiner Fähigkeiten helfen.[192]

Feedbackgespräche:
Durch Feedbackgespräche zwischen Führungskraft und Newcomer können die erste Zufriedenheit und Probleme bei der Einarbeitung erörtert werden. Dabei sollte dem Neuling deutlich gezeigt werden, dass man sich im Unternehmen um ihn kümmert. Es ist sinnvoll, Feedbackgespräche in regelmäßigen Abständen durchzuführen. Durch Feedback kann der Neuling lernen, welche Verhaltensweisen in der Organisation angebracht sind. Darüber hinaus sollte dem neuen Mitarbeiter in diesen Gesprächen erklärt werden, welche Motive und Hintergründe ein bestimmtes Verhalten in der Organisation hat. Weiterhin ist in Feedbackgesprächen eine Mischung aus Anerkennung der Leistung und negativer Kritik empfehlenswert, um dem Neueinsteiger eine realistische Standortbestimmung zu ermöglichen. Durch die Erfolgserlebnisse aus dem Lob kann der Newcomer Motivation für seine vorhandenen Schwachstellen erhalten.[193]

---

[191] Vgl. *Berthel, Jürgen/Becker, Fred G.*, Personal-Management. Grundzüge für Konzeptionen betrieblicher Personalarbeit, Stuttgart (Schäffer-Poeschel) 8.Aufl. 2007, 285-286; *Kieser, Alfred et al.*, Die Einführung neuer Mitarbeiter in das Unternehmen, Neuwied (Kommentator) 2.Aufl. 1990, 154-156; *Rehn, Marie-Luise*, Die Eingliederung neuer Mitarbeiter. Eine Längsschnittstudie zur Anpassung an Normen und Werte der Arbeitsgruppe, München-Mering (Hamp) 1990, 255-256.
[192] Vgl. *Berthel, Jürgen/Becker, Fred G.*, Personal-Management. Grundzüge für Konzeptionen betrieblicher Personalarbeit, Stuttgart (Schäffer-Poeschel) 8.Aufl. 2007, 286; *Blau, Gary*, An Investigation of the Apprenticeship Organizational Socialization Strategy, in: Journal of Vocational Behavior 32 (1988), 176-195, 179-180; *Moser, Klaus/Schmook, Renate*, Berufliche und organisationale Sozialisation, in: Schuler, Heinz (Hrsg.), Lehrbuch der Personalpsychologie, Göttingen etc. (Hogrefe) 2. Aufl. 2006, 231-254, 243.
[193] Vgl. *Brenner, Doris/Brenner, Frank*, Inplacement – neue Mitarbeiter erfolgreich einarbeiten und integrieren, Köln (Deutscher Wirtschaftsdienst) 2001, 15-16; *Kolb, Meinulf/Wiedemann, Kilian*, Einführung neuer Mitarbeiter. Strategische und wirtschaftliche Betrachtung, in: Personal 49 (4/1997), 204-211, 204.

Peergroups:
In diesen Gruppen treffen sich mehrere neue Mitarbeiter, um ihre ersten Erfahrungen miteinander auszutauschen. Der Vorteil solcher Peergroups ist das Zusammenkommen mehrerer Gleichgesinnter mit ähnlichen Anfangsproblemen. Dadurch stellt sich das Gefühl „nicht allein zu sein" ein. Der Austausch mit anderen Newcomern gilt als wichtiger Baustein für die soziale Integration.[194] Außerdem können beim Neuling durch die Interaktion mit Peers sowohl das organisationale Commitment und die Arbeitszufriedenheit, als auch die Bleibeabsicht gesteigert werden.[195]

Intranet-Communities:
Diese Intranet-Community könnte sich an Internet-Communities wie „studiVZ" oder „facebook" anlehnen. Dabei bekäme jeder neue Mitarbeiter bereits vor Amtseintritt seinen eigenen Account mit Benutzernamen und Passwort. Innerhalb dieser Community kann jeder User dem anderen kurze Nachrichten schreiben und in weitere Subcommunities (wie beispielsweise „Hundeliebhaber" oder „Angler") eintreten. Des Weiteren können zu jedem Mitarbeiter interessante Daten, wie Position, Fähigkeiten, Fertigkeiten, Hobbies etc., eingetragen werden. So kann die Suche nach Experten für eine bestimmte Tätigkeit im späteren Verlauf erleichtert werden. Außerdem können die Hobbies der einzelnen Mitarbeiter eingesehen werden, um mögliche Gemeinsamkeiten herauszufinden. Durch solch ein Intranet kann den Newcomern also die Kommunikationsaufnahme zu den Kollegen und somit auch die Informationssuche erleichtert werden.

START-Programm:
Hierbei handelt es sich um ein Programm zur Gestaltung der Einstiegsphase neuer Mitarbeiter, dass im *debis Systemhaus Bereich IBS MI* mit der Unternehmensberatung *tetralog* entwickelt wurde. Die Ziele des START-Programms sind die Bildung von Netzwerken, eine schnelle Einbindung der Newcomer ins operative Geschäft, das Kennenlernen von Führungskräften und Kollegen, die Unternehmenskultur zu vermitteln und das „Sich-Zurechtfinden" in der Komplexität des Unternehmens zu erleichtern. Am ersten Tag werden Informationen zum Programm und zur Organisation durch Vorträge von Führungskräften aus der obersten Ebene vermittelt. Am Abend dient ein gemeinsames Abendessen dem besseren Kennerlernen. Am zweiten Tag beginnt

---

[194] Vgl. *Brenner, Doris/Brenner, Frank*, Inplacement – neue Mitarbeiter erfolgreich einarbeiten und integrieren, Köln (Deutscher Wirtschaftdienst) 2001, 17.
[195] Vgl. *Louis, Maryl R./Posner, Barry Z./Powell Gary N.*, The Availability and Helpfulness of Socialization Practices, in: Personnel Psychology 36 (4/1983), 857-866, 863.

die Projektarbeit. Dafür werden die Neulinge in Gruppen von vier bis sechs Personen eingeteilt, um im Verlauf der ersten Woche eine Projektaufgabe zu erledigen. Dafür sollen sie mit „alten" Mitarbeitern telefonieren, Interviews führen und möglichst viele geschriebene und ungeschriebene Gesetzte des Unternehmens kennenlernen. Jeder Projektgruppe wird zur Betreuung eine Führungskraft als Mentor zu Seite gestellt. Am Ende der ersten Woche werden die Ergebnisse aus der Projektarbeit präsentiert. Das beste Team erhält für seine Arbeit den START-Award und einen Preis (z.B. eine Reise zum Hauptsitz der Firma).[196]

Digitales Memory-Spiel:
Dieses Instrument wurde von Mitarbeitern der Personalabteilung aus der Firma *Ray Sono* aufgegriffen, um das Kennenlernen von neuen und alten Mitarbeitern zu erleichtern. Dabei werden alle Mitarbeiter mit Portraits aus verschiedenen Perspektiven im Intranet auf den einzelnen Memory-Karten abgebildet. Weiterhin gibt es Karten mit Namen der Mitarbeiter. Nun sollen im Verlauf des Spiels die verschiedenen Bildkarten einer Person zu den richtigen Namenskarten zugeordnet werden. Als Belohnung für die richtige Zuordnung werden nach und nach Bilder aus dem firmeneigenen Pool sichtbar. Außerdem enthält das Spiel einen Highscore, um den Wettbewerbsfaktor zu nutzen.[197] Ein solches Memory-Spiel kann dabei auch die Attraktivität einer Intranet-Community erhöhen.

E-Start:
Mit Hilfe eines E-Start Systems kann die Integration neuer Mitarbeiter in eine Organisation erleichtert werden. In diesem Tool werden individuelle E-Mails in den verschiedenen Phasen des Sozialisationsprozesses an die beteiligten Personen der Integration (hier: Personalberater, Führungskraft und der neue Mitarbeiter) versendet. Zunächst werden die entsprechenden Texte für die E-Mails in eine Datenbank eingegeben und bestimmt wann und an welche Personengruppe diese versendet werden sollen. Nach der Vertragsunterschrift eines Newcomers legt der Personalberater oder die Führungskraft einen Account im E-Start für diesen an, der beispielsweise das Eintrittsdatum, den Standort und die Position enthält. Daraufhin überprüft das System täglich, ob der neue Mitarbeiter den nächsten Meilenstein erreicht hat und versendet automatisch die entsprechenden E-Mails an die Beteiligten. Dabei wird beispielsweise die Führungskraft an seine

---
[196] Vgl. *Bernatzeder, Petra/Krakau, Uwe/Krieger, Susanne*, START-Hilfe für die Integration neuer Mitarbeiter, in: Personalführung 32 (8/1999), S.70-73, 70-73.
[197] Vgl. *Müller, Marius*, Mitarbeiterintegration wird zum Kinderspiel, in: Personalwirtschaft (1/2002), 24-26, 24.

Aufgaben im Sozialisationsprozess erinnert und der neue Mitarbeiter erhält wichtige Informationen für seine Integration. Angewendet wird solch ein E-Start System bei der Firma *Siemens*.[198]

Soziale und sportliche Aktivitäten:
Der Beziehungsaufbau kann durch den Einsatz von sozialen und sportlichen Aktivitäten stark vorangetrieben werden. So kann das Unternehmen beispielsweise die Möglichkeit bieten, an verschiedenen freiwilligen Hilfsprojekten (z.B. für Behinderte aus der Region) teilzunehmen. Eine andere Möglichkeit wäre die Bildung einer Sportmannschaft mit wöchentlichem Training oder die Initiierung von betriebsinternen Sportturnieren. Innerhalb dieser Gruppen könnten die Newcomer recht schnell soziale Beziehungen aufbauen und wichtige Informationen über das Unternehmen erhalten. Außerdem werden sie durch die Interaktion mit anderen Organisationsmitgliedern mit deren an die Organisation angepassten, Normen und Werten vertraut.

4.2.2.2 Information und Kontrolle

Evaluationsbogen 2 (im Anhang):
Die Aussagen zum Evaluationsbogen in dieser Phase wurden selbst formuliert und dienen der Information über den Aufbau von Kontakten und Beziehungen in der Organisation und die Unterstützung durch Führungskraft und Kollegen, zugetroffene bzw. abweichende Erwartungen, proaktives Verhalten und die erste Bekanntschaft mit der Tätigkeit. Der Evaluationsbogen besteht aus einer offenen und 21 geschlossenen Aussagen, die größtenteils auf einer fünfstufigen Likert-Skala von den Neulingen zu bewerten sind. Ein Wert von 1 bedeutet dabei „ich stimme absolut nicht zu", ein Wert von 5 „ich stimme voll zu". Die Fragen zu den Erwartungen werden auf einer dreistufigen Likert-Skala beurteilt, wobei zwischen „ich wurde positiv überrascht", „meine Erwartungen sind eingetroffen" und „ich wurde negativ überrascht" zu wählen ist.
Die ersten neun Aussagen behandeln den Aufbau sozialer Kontakte und die Unterstützung durch Führungskraft und Kollegen. Dadurch können wichtige Informationen über den aktuellen Stand der sozialen Beziehungen und die soziale Unterstützung gewonnen werden. Die Aussagen 10-13 erfragen ein proaktives Verhalten beim Newcomer. Dieses Verhalten ist wünschenswert, um die

---

[198] Vgl. *Weirauch, Petra/Herrmann, Susanne*, E-Start bei Siemens, in: Personalwirtschaft (3/2002), 36-39, 36-39.

positiven Effekte durch proaktives Verhalten auf den Sozialisationsprozess einzubringen (vgl. 2.1.2.3). Aussagen zur Tätigkeit finden sich im Evaluationsbogen unter den Punkten 14-17. Somit können Informationen über den bisherigen Stand an Handlungskompetenz erhalten werden. Im Anschluss daran folge eine Aussage zur Fluktuationsabsicht des Newcomers, durch welche die Gefahr eines vorzeitigen Abgangs des Neulings erkannt werden soll. Zum Abschluss der geschlossenen Aussagen werden die Erwartungen bezüglich der Organisation, der Arbeitsgruppe und der Tätigkeit evaluiert (Aussagen 19-21). Dadurch kann der Controller wichtige Informationen darüber erhalten, ob die Erwartungen vor dem Eintritt in die Organisation beim Befragten eingetroffen sind oder ob es zum „Realitätsschock" gekommen ist. Am Ende des Evaluationsbogens schließt sich eine offene Frage an, in welcher der Neue weitere soziale oder fachliche Probleme schildern kann. Dadurch kann der Controller auf mögliche sozialisationsverhindernde Faktoren aufmerksam gemacht werden. Bei der Auswertung des Evaluationsbogens ist darauf zu achten, dass die Punktwerte der Aussagen 5 und 9 entgegen-gesetzt gewertet werden (also ein Wert von 5 negativ und eine Wert von 1 positiv ist).

Auch in diesem Fall ist es notwendig, im Vorfeld Soll-Werte zum späteren Abgleich zu verfassen. Auf die Frage „Ich kenne bereits einige Kollegen, die ich um Rat fragen kann." könnte beispielsweise ein Mindest-Soll-Wert von 3 angesetzt werden.

Der Evaluationsbogen sollte von den Newcomern zwischen dem Ende des ersten und zweiten Monats ausgefüllt werden. Im Anschluss daran sollte der Controller einen Soll-Ist-Vergleich vornehmen, um mögliche Missstände zu erkennen. Sollten die Ist-Werte mehr als einen Punkt unter dem Planwert liegen, kommt es in der Aktivierung (4.2.3) zu einer Behebung der Schwierigkeiten. Bei Erreichung der Soll-Werte wird mit der nächsten Phase im Sozialisationscontrolling fortgefahren.

4.2.3 Aktivierung

Bezüglich des ersten Aufbaus sozialer Beziehungen sollten, aufgrund des Einsatzes der Steuerungsinstrumente im ersten Monat, eher wenige Komplikationen auftreten. Wenn jedoch in diesem Bereich noch Missstände vorliegen, empfiehlt sich der Einsatz von beziehungsfördernden Maßnahmen. So kann beispielsweise ein Pate eingesetzt werden, um den Newcomer beim Beziehungsaufbau zu unterstützen. Darüber hinaus bieten sich die bereits im Vorfeld beschriebenen Instrumente, wie Peergroups oder sportliche und soziale Aktivitäten an. Wenn ein Newcomer in

Aussage 9 angibt, das Gefühl zu haben, nicht gemocht zu werden, sollte der Grund dafür in einem Gespräch zwischen Controller und Neuling erörtert werden, um im Anschluss geeignete Maßnahmen zur Verbesserung der Situation ergreifen zu können.

Auch die Evaluation der Aussagen über die Unterstützung durch Kollegen und Führungskraft wird i.d.R. positiv ausfallen. Falls dies nicht der Fall ist, sollte der Controller sich um eine Verbesserung der Situation bemühen. Dafür sollten sowohl Kollegen als auch Führungskraft dazu angehalten werden, den Newcomern mehr Beachtung zu schenken und sie beim Sozialisationsprozess zu unterstützen. Wenn der Newcomer sich in Aussage 8 über mangelndes Feedback beschwert, ist die Einführung von regelmäßigen Feedbackgesprächen zu empfehlen.

Proaktives Verhalten sollte gefördert werden. Nun kommt es hauptsächlich auf die Persönlichkeit an, ob sich ein neuer Mitarbeiter proaktiv verhält oder nicht. Es sollte den Newcomern aber in jedem Fall klar zu verstehen gegeben werden, dass proaktives Verhalten in der Organisation gerne gesehen wird, insbesondere wenn sich bei den Fragen 10-13 herausstellt, dass der Newcomer sich nicht aktiv um Informationen, Feedback und den Beziehungsaufbau bemüht.

Bei Erwartungsabweichungen, insbesondere bei negativen Überraschungen, ist ein Gespräch zwischen Controller und Newcomer nötig, um zu erörtern, weshalb sich die Erwartungen des Neuen nicht erfüllt haben. Die Informationen über falsche Erwartungen können beim Aufbau realistischer Erwartungen in der ersten Phase bei den nächsten Neulingen genutzt werden. Darüber hinaus sollten Führungskraft und Kollegen den „Realitätsschock" durch soziale Unterstützung abfangen.

Wenn es Schwierigkeiten bezüglich der Tätigkeit gibt, bieten sich sowohl ein Patensystem und Mentoring als auch spezielle Seminare an, um dem Newcomer beim Erwerb der nötigen Fertigkeiten zu unterstützen. Wenn beim Newcomer die Absicht auf Austritt aus der Organisation besteht, sollte ein Gespräch zur Ermittlung der Gründe stattfinden und überlegt werden, wie dem entgegen zu wirken ist (z.B. durch mehr soziale Unterstützung).

4.2.4 Erfolgsbeitrag

Zu Beginn dieser Phase kommt der neue Mitarbeiter in ein ihm relativ unbekanntes Umfeld, in dem er noch kaum jemanden kennt. Seine Anfangssituation ist durch Stress und Unsicherheiten gekennzeichnet und er benötigt Informationen zur Verarbeitung der neuen Situation. Durch den Einsatz der diversen, in 4.2.2 beschriebenen, Sozialisationssteuerungsmaßnahmen soll der Neue möglichst gut in seine Arbeitsstelle und seine Arbeitsgruppe eingeführt werden. Dabei werden ihm Orientierungshilfen geboten, um die Unsicherheiten zu beseitigen. Durch die positiv erlebte Einführung erhöhen sich Zufriedenheit, Motivation und die innere Bindung an das Unternehmen.[199]

Darüber hinaus wird der Neuling am Ende dieser Phase einige Kontakte geknüpft haben, also schon teilweise in seine Arbeitsgruppe integriert sein. Dies ist besonders wichtig, wie in 2.1.3.4 unter dem Punkt soziale Unterstützung schon gezeigt wurde, denn eine hohe soziale Unterstützung führt zu erhöhter Arbeitszufriedenheit, Bindung an das Unternehmen sowie Leistung und einer verminderten Fluktuationsneigung. Wenn der Neue also keine Kontakte in seiner Organisation knüpfen würde, wäre genau das Gegenteil der Fall: Eine schwache innere Bindung ginge mit gesenkter Arbeitszufriedenheit und Leistung sowie einer hohen Fluktuationsneigung einher. Er ist nun also im Besitz eines ersten sozialen Netzwerks, das ihm auch im weiteren Sozialisationsverlauf mit Informationen versorgen kann.

Weiterhin erlernt der Newcomer in dieser Controllingphase die ersten Fertigkeiten, die für die Ausübung seiner Tätigkeit nötig sind. Dies ist auch für den zukünftigen Verlauf der Sozialisation von großer Bedeutung, da so einer möglichen Überforderung vorgebeugt werden kann und sich der Neue schon zu Beginn durch erste Tätigkeitserledigungen als wichtiger Bestandteil der Organisation fühlen kann.

4.3 Phase 3: Integration

4.3.1 Inhalte
Nachdem in den ersten beiden Controllingphasen Erwartungsenttäuschungen vermieden und erste soziale Beziehungen aufgebaut wurden, geht es nun um das Verständnis der eigenen Rolle in der Arbeitsgruppe und der Organisation (Rollenklärung). Deshalb soll den Neulingen in dieser Zeit bei der Entschlüsselung der Stellenanforderungen und der Herleitung einer Lösungsstrategie für ihre Aufgaben geholfen werden. Dabei ist darauf zu achten, dass die Rollenklärung, je nach Strukturiertheit der Stelle, unterschiedlich viel Zeit in Anspruch nehmen kann. So ist davon auszugehen, dass ein Fliessbandarbeiter eher Rollenklarheit erhält als ein Marketing-Assistent

---

[199] Vgl. *Kratz, Hans-Jürgen*, Neue Mitarbeiter erfolgreich integrieren. Nutzen Sie ein praxiserprobtes Einführungskonzept, Wien (Ueberreuter) 1997, 9,22.

mit eher schwach strukturierter Stelle.[200] Zur Bekämpfung der Rollenambiguität, also zum Erhalt von Rollenklarheit, bieten sich in dieser Phase beispielsweise die bereits in 4.2.2.1 beschriebenen Feedbackgespräche und Peergroups an.

Oft haben Newcomer in dieser Phase des Sozialisationsprozesses mit Rollenkonflikten zu kämpfen. Die Stelle kann sie dabei beispielsweise überfordern, unterfordern oder nicht klar genug definiert sein (vgl. 2.3.4). Außerdem kann es beim Neuen zu Konflikten zwischen Arbeits- und Privatleben kommen.[201] Die negativen Effekte von Rollenkonflikten wurden bereits in 2.1.3.4 beschrieben und können durch den Einsatz des Sozialisationscontrollings vermieden bzw. vermindert werden.

Darüber hinaus sollen in dieser Phase weitere Beziehungen innerhalb der Organisation aufgebaut und die bereits Vorhandenen vertieft werden. Ein besonderes Augenmerk liegt in dieser Controllingphase ebenfalls auf der Skill Acquisition. Nun sollen die Newcomer alle nötigen Fertigkeiten erlernen, die dafür notwendig sind, ihre Stelle erfolgreich auszuüben. Dies ist von besonderer Bedeutung, denn egal wie motiviert ein Mitarbeiter ist, ohne die nötigen Fertigkeiten hat er nur eine sehr geringe Chance auf Erfolg.[202]

Im zweiten Abschnitt dieser Phase geht es um die weitere Integration der Newcomer durch das Lernen von üblichen Verhaltensweisen, Werten und Normen und die Vertiefung der eben genannten Sozialisationsbestandteile, um ein „vollwertiges" Mitglied der Organisation zu werden. Die werteorientierte Integration hat im Sozialisationsprozess einen hohen Stellenwert, da viele Beendigungen von Arbeitsverhältnissen mit Begründungen wie „die unterschiedlichen Vorstellungen über Vorgehensweisen und Prioritäten ließen sich nicht vereinbaren" umschrieben werden.[203]

Zunächst werden auch in dieser Phase einige Steuerungsinstrumente eingesetzt, die dazu dienen, den Newcomern in Bezug auf Rollenklärung, Rollenkonflikte, soziale Beziehungen und Skill Acquisition voranzubringen. Dabei wird auch darauf geachtet, dass den Newcomern die angemessenen Verhaltensweisen sowie die Werte und Normen der Organisation näher gebracht werden. Nach sechs Monaten und zum Abschluss des ersten Jahres wird der Erfolg im Sozialisa-

---

[200] Vgl. *Kieser, Alfred et al.*, Die Einführung neuer Mitarbeiter in das Unternehmen, Neuwied (Kommentator) 2.Aufl. 1990, 29-30.
[201] Vgl. *Wanous, John Parcher*, Organizational Entry. Recruitment, Selection, Orientation, and Socialization of Newcomers, Reading etc. (Addison-Wesley) 2.Aufl. 1992, 209.
[202] Vgl. *Chao, Georgia T. et al.*, Organizational Socialization: Its Content and Consequences, in: Journal of Applied Psychology 79 (5/1994), 730-743, 731.
[203] Vgl. *Brenner, Doris/Brenner, Frank*, Inplacement – neue Mitarbeiter erfolgreich einarbeiten und integrieren, Köln (Deutscher Wirtschaftsdienst) 2001, 10.

tionsprozess durch die Verwendung von speziell konzipierten Evaluationsbögen kontrolliert. Dadurch erhält der Controller Informationen darüber, ob der Sozialisationsprozess wie gewünscht abläuft. Sollten sich im Soll-Ist-Vergleich noch Schwierigkeiten in den angesprochenen Bereichen ergeben, wird mit der Aktivierung in 4.4 fortgefahren. Wenn die neuen Mitarbeiter im Evaluationsbogen 4 alle gewünschten Werte in den Sozialisationsinhaltsdimensionen Organisation, Arbeitsgruppe und Aufgabe sowie in den Sekundäroutcomes organisationales Commitment und Arbeitszufriedenheit aufweisen, wird die Sozialisation als erfolgreich gewertet und das Sozialisationscontrolling abgeschlossen.

4.3.2 Maßnahmen

In der Steuerung werden einige Maßnahmen beschrieben, durch die der Sozialisationsprozess in dieser Phase gesteuert werden kann. Im Anschluss daran werden die beiden Evaluationsbögen dieser Phase erläutert.

4.3.2.1 Steuerung

Unterstützungsseminare:
Hierbei kommen alle neuen Mitarbeiter des Unternehmens an einem oder mehreren Tagen zu einem Seminar zusammen. Die Seminare dienen dabei hauptsächlich der Entwicklung des „Wir-Gefühls". Gerade bei der Einarbeitung durch Training-on-the-job sind die Newcomer oft auf sich allein gestellt. Bei den Seminaren können sie nun Erfahrungen mit den anderen Neulingen austauschen, um Überraschungen, enttäuschte Erwartungen und Konflikte aus der Anfangszeit besser verarbeiten zu können. Darüber hinaus bietet es sich an, im Rahmen eines solchen Seminars offene Fragen zu beantworten und gemeinsame Lösungsstrategien für die aufgetretenen Probleme zu entwickeln. Dadurch ergeben sich im Alltag neue Möglichkeiten bei der Problembewältigung der Neulinge.[204]

---

[204] Vgl. *Freimuth, Joachim,* Die Einführung neuer Mitarbeiter, in: Personal (5/1986), 200-203, 203; *Rehn, Marie-Luise,* Die Eingliederung neuer Mitarbeiter. Eine Längsschnittstudie zur Anpassung an Normen und Werte der Arbeitsgruppe, München-Mering (Hamp) 1990, 257.

Coaching:

Durch den Einsatz eines Coaching-Programms kann beim Newcomer sowohl die Problemlösungs- und Lernfähigkeit als auch die Veränderungsfähigkeit erhöht werden. Darüber hinaus kann es dem gecoachten Mitarbeiter auf emotionaler Ebene beim Ausbalancieren der persönlichen Bedürfnisse, der Rolle und den Unternehmenszielen helfen. Das Coaching besitzt also zwei Funktionen: Zum Einen die fachliche Personalentwicklung, d.h. die Entwicklung von Fähigkeiten und Fertigkeiten der Mitarbeiter, und zum Anderen eine therapeutische Funktion, z.B. die Hilfe bei Job-Stress oder Mobbing.[205] Als Coach kann dabei entweder eine externe Fachkraft (externes Coaching) oder ein Mitarbeiter aus der Organisation (internes Coaching) eingesetzt werden. Für ein effektives Coaching sollte zuerst eine Klärung der Ausgangssituation vorgenommen werden, um im Anschluss die Ziele für das Coaching zu formulieren. Durch Interventionen (z.B. Gespräche, Training) kann der Coach dazu beitragen, die angepeilten Ziele zu erreichen.[206]

E-Learning:

Das E-Learning wird bereits häufig in der Weiterbildung von Mitarbeitern eingesetzt und bietet sich auch für die Einführung von Newcomern in die Arbeitsstelle an. Dabei werden bei geringen Kosten, geringem Dienstausfall sowie hoher Lerneffizienz wichtige Sachverhalte zur Position der Newcomer schnell erlernt. Bereits seit einiger Zeit gibt es das Computer Based Training (CBT). Dabei werden Lerninhalte durch den Einsatz einer speziellen Lernsoftware am PC vermittelt. Es bieten sich Trainings zu den Produkten des Unternehmens (z.B. Finanzprodukte, KFZ- Zubehör, Baumaterialien) oder ein Methoden-Training (z.B. Wie plane ich Projekte?, Wie führe ich Verkaufsgespräche?) an. Ein CBT dient somit dem Erwerb des relevanten Wissens, um den Anforderungen der Stelle gerecht zu werden. Eine darauf aufbauende Variante ist der Learning Space. Bei diesem handelt es sich um einen virtuellen Seminarraum, bei dem die Teilnehmer am Computer auf die Trainingsunterlagen zugreifen und Fragen an einen ausgewählten Trainer stellen. Dieser beantwortet die Fragen entweder zeitversetzt oder zu einer vereinbarten Zeit. Darüber hinaus haben die Newcomer im Learning Space die Möglichkeit miteinander zu kommunizieren

---

[205] Vgl. *Scholz, Christian*, Personalmanagement. Informationsorientierte und verhaltenstheoretische Grundlagen, München (Vahlen) 5.Aufl. 2000, 962; *Thommen, Jean-Paul*, Coaching als Instrument der Personalentwicklung, in: Thom, Norbert/Zaugg, Robert J.(Hrsg.), Moderne Personalentwicklung. Mitarbeiterpotenziale erkennen, entwickeln und fördern, Wiesbaden (Gabler) 2006, 133-156, 135.
[206] Vgl. *Bröckermann, Reiner*, Personalwirtschaft. Lehr- und Übungsbuch für Human Resource Management, Stuttgart (Schäffer-Poeschel) 4.Aufl. 2007, 456; *Stenzel, Stefan*, Coaching und Supervision, in: *Bröckermann, Reiner/Müller-Vorbrüggen, Michael*, Handbuch Personalentwicklung. Die Praxis der Personalbildung, Personalförderung und Arbeitsstrukturierung, Stuttgart (Schäffer-Poeschel) 2.Aufl. 2008, 367-389, 382-383.

und dabei Erfahrungen auszutauschen. Eine dritte Funktion des Learning Space ist das Coaching. Dabei begleitet der Coach die Umsetzung des Erlernten durch die Neulinge in der Praxis. Dafür bietet sich der bereits in der vorherigen Controllingphase bestimmte Mentor oder Pate an.[207]

Rollenspiele:
Durch Rollenspiele soll eine Verhaltensänderung des Mitarbeiters verursacht werden. Dabei sollen konkrete Situationen (oft Konfliktsituationen) vom Mitarbeiter bewältigt werden, um daraus eine Problemlösefähigkeit für Situationen im Arbeitsleben ableiten zu können. Auch falsche Verhaltensweisen werden durch ein unmittelbares Feedback von den anderen Spielteilnehmern aufgezeigt. Es bietet sich an, das Rollenspiel auf Video aufzunehmen, um so die Chance zur Selbstreflexion und Analyse der Verhaltensweisen zu haben. In diesem Fall kann der Newcomer also seine Problemlösefähigkeit verbessern und erkennen, welche Verhaltensweisen angebracht sind und welche nicht.[208]

Sensitivity-Training:
Auch diese gruppendynamischen Trainings sollen zu einer Entwicklung der Verhaltsweisen und Einstellungen beim Mitarbeiter führen. Beim Sensitivity-Training spielen die Gruppenmitglieder verschiedene Handlungsweisen durch, die im Anschluss mit Feedback bewertet werden. Dadurch soll dem Einzelnen klar gemacht werden, welche Wirkung sein Verhalten auf den Rest der Gruppe hat. Newcomer können so falsches persönliches Verhalten erkennen bzw. verbessern.[209]

4.3.2.2 Information und Kontrolle

Evaluationsbogen 3 (im Anhang):
Der erste Evaluationsbogen in dieser Phase dient der Überprüfung der Bereiche Rollenklarheit, Rollenkonflikte, Aufbau sozialer Beziehungen und Skill Acquisition (Evaluationsbogen im Anhang). Für den Evaluationsbereich der Rollenklarheit wurden die sechs Fragen von *Rizzo,*

---

[207] Vgl. *Bardens, Rupert E./Loske, Karl-Heinz*, Neue Technologien in Weiterbildung und Training, in: Personal 54 (01/2002), 734-737, 734-736.
[208] Vgl. *Berthel, Jürgen/Becker, Fred G.*, Personal-Management. Grundzüge für Konzeptionen betrieblicher Personalarbeit, Stuttgart (Schäffer-Poeschel) 8.Aufl. 2007, 408; *Scholz, Christian*, Personalmanagement. Informationsorientierte und verhaltenstheoretische Grundlagen, München (Vahlen) 5.Aufl. 2000, 518.
[209] Vgl. *Berthel, Jürgen/Becker, Fred G.*, Personal-Management. Grundzüge für Konzeptionen betrieblicher Personalarbeit, Stuttgart (Schäffer-Poeschel) 8.Aufl. 2007, 409; *Mentzel, Wolfgang*, Personalentwicklung. Erfolgreich motivieren, fördern und weiterbilden, München (dtv) 2.Aufl. 2005, 210-211.

House und *Lirtzman* (1970) zur Rollenambiguität übernommen und leicht modifiziert. Die Frage „I feel certain how much authority I have." wurde in zwei Aussagen zerteilt, um nach der Autorität in Arbeitsgruppe und in der Gesamtorganisation zu fragen. Zur Bewertung der Rollenkonflikte wurden die acht Fragen von *Rizzo, House* und *Lirtzman* (1970)[210] verwendet. Dabei wurden die Evaluationsaussagen „I receive an assignment without the manpower to complete it." und „I receive an assignment without adequate resources and materials to execute it." zu einer Aussage („Ich bekomme oft nicht die nötigen Ressourcen (z.B. genügend Mitarbeiter, Materialien) gestellt, die zur Erledigung meiner Aufgaben benötigt werden.") zusammengefasst, da es sich bei Mitarbeitern auch um Ressourcen handelt (humane Ressourcen) und sich die Fragen daher überschneiden. Um auf alle Bereiche des Rollenkonfliktes nach *Kieser* (vgl. 2.1.3.4) eingehen zu können, wurden neun weitere Aussagen selbst formuliert (z.B. „Ich fühle mich in meiner Tätigkeit überbelastet." oder „Meine Ideen finden in der Arbeitsgruppe keine Beachtung."). Im Bereich Skill Acquisition wurden die vier Untersuchungsfragen von *Morrison* (1993)[211] zur task mastery übernommen. Die Aussagen zu den sozialen Beziehungen stammen aus den sieben Untersuchungsfragen von *Morrison* (2002)[212].

Die ersten sieben Aussagen beziehen sich dabei auf den Stand der Rollenklarheit, die Aussagen 8 bis 23 auf den Bereich Rollenkonflikte, die Aussagen 24 bis 30 auf soziale Beziehungen und die letzten vier geschlossenen Aussagen auf die Skill Acquisition. Dabei werden ausschließlich geschlossene Aussagen verwendet, die auf einer siebenstufigen Likert-Skala bewertet werden, wobei 1 „ich stimme absolut nicht zu" und 7 „ich stimme voll zu" bedeutet. Dadurch kann herausgefunden werden, ob der Newcomer seine Rolle innerhalb der Organisation und seiner Arbeitsgruppe kennt, ob Rollenkonflikte aufgetreten sind, ob ein weiterer Aufbau sozialer Beziehungen stattgefunden hat und inwieweit er die Fähigkeiten und Fertigkeiten zur Ausübung seiner Tätigkeit beherrscht. Zum Ende des Evaluationsbogens erhält der Befragte erneut die Chance, in einer offenen Kategorie Probleme in einem der Bereiche anzusprechen, damit auch diese behoben werden können.

Im Vorfeld der Befragung sollten auch hier wieder Soll-Werte von den Personalverantwortlichen bzw. den Controllern festgelegt werden. So kann beispielsweise ein Durch-

---

[210] Vgl. *Rizzo, John R./House, Robert J./Lirtzman, Sidney I.*, Role Conflict and Ambiguity in Complex Organizations, in: Administrative Science Quarterly 15 (2/1970) , 150-163, 156-160.
[211] Vgl. *Morrison, Elizabeth W.*, Longitudinal Study of the Effects of Information Seeking on Newcomer Socialization, in: Journal of Applied Psychology 78 (2/1993) 173-183, 175.
[212] Vgl. *Morrison, Elizabeth W.*, Newcomers' Relationships The Role of Social Network Ties During Socialization, in: Academy of Management Journal 45 (6/2002), 1149-1160, 1154.

schnittswert von 5 beim Aufbau sozialer Beziehungen angesetzt werden oder bei einer bestimmten Frage (z.B. „Es ist klar definiert, was ich zu tun habe") ein Wert von 6. Dabei ist zu beachten, dass es sich besonders für neue Mitarbeiter ohne bisherige Berufserfahrung schwieriger gestaltet Rollenklarheit und die nötigen Fertigkeiten zu erlangen als für Neulinge, die bereits eine ähnliche Position in einer anderen Organisation ausgeführt haben.[213] So könnte beispielsweise für Berufseinsteiger in den Blöcken „Rollenklarheit" und „Skill Acquisition" jeweils ein Durchschnittswert von 5 als akzeptabel gelten, während berufserfahrene Newcomer Soll-Werte von 5,2 erreichen sollten. Bei der Auswertung ist darauf zu achten, dass die Aussagen 28-30 und die Aussage 32 entgegengesetzt gewertet werden.

Nach ca. sechs Monaten der Betriebszugehörigkeit wird der Evaluationsbogen von den Newcomern ausgefüllt. Im Anschluss daran sollte der Controller einen Soll-Ist-Vergleich vornehmen, um Informationen über eventuelle Probleme (z.B. zu wenige soziale Kontakte oder fehlende Rollenklarheit) zu erhalten und diese im Anschluss beheben zu können (siehe 4.3.3).

Evaluationsbogen 4 (im Anhang):
Dieser zweite Fragebogen der dritten Phase sollte am Ende des ersten Jahres ausgefüllt werden. Die Unterteilung der Evaluationsbereiche nach Organisation, Arbeitsgruppe und Aufgabe geht auf *Haueter* (2003) zurück. Zur Erstellung des Evaluationsbogens wurden alle 35 Untersuchungsfragen zum Sozialisationslernen von *Haueter* (2003)[214] übernommen. Zusätzlich dazu wurden im Block Arbeitsgruppe zwei Aussagen und im Block Tätigkeit eine Aussage von *Chao* (1994)[215] hinzugefügt, um die Lernbereiche Leute, Geschichte und Sprache nach *Chao* (1994) besser abzudecken. Im ersten Block (Aussagen 1-12) beziehen sich die Aussagen auf das Wissen bezüglich der Organisation, dessen Werte und Verhaltensweisen, bevor im zweiten (Aussagen 13-26) und dritten Evaluationsblock (Aussagen 28-38) auf die Arbeitsgruppe und die Aufgabe eingegangen wird. In den Evaluationsblöcken vier und fünf werden die Sozialisationssekundäroutcomes organisationales Commitment und die Arbeitszufriedenheit gemessen. Zur Erfassung des organisationalen Commitments wurden die 15 Untersuchungsfragen nach *Mowday, Steers* und

---

[213] Vgl. *Kieser, Alfred et al.*, Die Einführung neuer Mitarbeiter in das Unternehmen, Neuwied (Kommentator) 2.Aufl. 1990, 7; *Krüger, Karl-Heinz*, Integrationsschwierigkeiten im Prozess der Einarbeitung. Theoretische Konzeptualisierung und empirische Analyse von Konfliktfeldern bei der Eingliederung neuer Mitarbeiter, Diss. Universität Mannheim 1983, 215.
[214] Vgl. *Haueter, Jill A./Hoff Macan, Therese/Winter, Joel*, Measurement of newcomer socialization: Construct validation of a multidimensional scale, in: Journal of Vocational Behavior 63 (1/2003), 20-39, 36-38.
[215] Vgl. *Chao, Georgia T. et al.*, Organizational Socialization: Its Content and Consequences, in: Journal of Applied Psychology 79 (5/1994), 730-743, 734-735.

Porter (1979)[216] verwendet. Dabei ist darauf zu achten, dass die Aussagen 41, 45, 47, 49, 50 und 53 umgekehrt gewertet werden. Zur Bewertung der Arbeitszufriedenheit wurden die beiden Fragen von *O'Reilly* und *Caldwell* (1980)[217] in Aussagen umgewandelt. Ein längerer Fragebereich zur Arbeitszufriedenheit ist in diesem Fall nicht notwendig, da das Erreichen einer generellen Zufriedenheit mit der Arbeitsstelle ausreicht und daher nicht auf jeden einzelnen Bereich der Arbeitszufriedenheit eingegangen werden muss.

Dabei werden die Aussagen auf einer siebenstufigen Likert-Skala bewertet, wobei 1 „ich stimme absolut nicht zu" und 7 „ich stimme voll zu" bedeutet. Durch diesen Evaluationsbogen kann festgestellt werden, ob der Newcomer die Geschichte, die Werte und die Verhaltensweisen der Organisation und seiner Arbeitsgruppe kennt, mit seiner Tätigkeit vollauf vertraut ist und wie hoch organisationales Commitment und Arbeitszufriedenheit sind.

Die Soll-Werte der einzelnen Evaluationsblöcke werden von den Controllern im Vorfeld festgelegt. Dabei ist darauf zu achten, dass die Neulinge nach diesem einen Jahr und dem Einsatz der Steuerungsinstrumente über ein gehobenes Wissen über Geschichte, Werte und Verhaltensweisen der Organisation verfügen sollten. Des Weiteren sollten sie ihre Arbeitsgruppe genau kennen und die eigene Tätigkeit voll beherrschen. Die Durchschnittswerte in diesen Bereichen müssen bei mindestens 6 liegen. Darüber hinaus darf der Ist-Wert bei keiner Aussage unter 5 liegen. Auch die Werte in den Bereichen organisationales Commitment und Arbeitszufriedenheit sollten einen hohen Wert erreichen. Als Durchschnittswerte für diese beiden Outcomes ist ein Wert 5.5 angemessen. Wenn die Soll-Werte in allen Bereichen erreicht wurden, ist die Sozialisation als erfolgreich anzusehen und das Sozialisationscontrolling endet an dieser Stelle. Ansonsten wird mit der Aktivierung (4.3.3) fortgefahren.

---

[216] Vgl. *Mowday, Richard T./Steers, Richard M./Porter Lyman W.*, The Measurement of Organizational Commitment, in: Journal of Vocational Behavior 14 (2/1979), 224-247, 228.
[217] Vgl. *O'Reilly III, Charles A./Caldwell, David F.*, Job Choice: The Impact of Intrinsic and Extrinsic Factors on Subsequent Satisfaction and Commitment, in: Journal of Applied Psychology 65 (5/1980), 559-565, 561.

4.3.3 Aktivierung

Nach Evaluationsbogen 3:

Werden durch die Auswertung des Evaluationsbogens Rollenkonflikte deutlich, sollte ein Gespräch zwischen Controller und Newcomer stattfinden, um die genauen Gründe für diese Konflikte erkennen zu können. Fühlt sich der Neuling beispielsweise unterfordert, kann über ein Job Enrichment nachgedacht werden. Bei Überforderung sollte versucht werden den Newcomer zu entlasten und ihm beispielsweise einen weiteren Mitarbeiter zur Unterstützung zur Seite zu stellen oder die Stellenanforderungen herabzusetzen. Wenn beispielsweise Feedbackdefizite auftreten, ist es sinnvoll, vermehrt regelmäßige Feedbackgespräche einzusetzen. Auch durch den Einsatz spezieller Seminare könnte dabei geholfen werden, einige Rollenkonflikte zu beheben. Berichten gleich mehrere Neulinge über Schwierigkeiten mit formalen Richtlinien oder dass sie an unnötigen Dingen arbeiten, sollten die Verantwortlichen diese Richtlinien und die Arbeitsweise in der Organisation überdenken.

Hat der Newcomer Schwierigkeiten bei der Interpretation seiner Rolle, kann ihm ein Pate bzw. ein Mentor bei der Klärung behilflich sein. In diesem Zusammenhang ist ebenfalls ein regelmäßiges Feedback durch die Führungskraft stark zu empfehlen, da Feedback ein wichtiger Bestandteil zur Rollenklärung ist.[218] Weiß der neue Mitarbeiter noch nicht, welche Verhaltensweisen in welchen Situationen verlangt werden, bietet sich der Einsatz von Rollenspielen oder Sensitivity-Trainings an.

Wenn sich Abweichungen im Bereich soziale Beziehungen in der Arbeitsgruppe ergeben, sind Instrumente zur weiteren sozialen Integration angebracht, wie z.B. Peergroups oder soziale und sportliche Aktivitäten. Dadurch kann der Aufbau sozialer Beziehungen gesteigert werden. Außerdem sollten die Führungskraft und die Arbeitsgruppenkollegen den neuen Mitarbeiter im Prozess der sozialen Integration stärker unterstützen.

Bei Problemen im Bereich der Skill Acquisition bietet sich der Einsatz von Instrumenten wie dem Coaching, dem Mentoring oder dem E-Learning an. Dadurch können die Fertigkeiten des Neuen bis zum gewünschten Maß gesteigert werden, um den fachlichen Teil der Sozialisation zu erreichen.

Darüber hinaus sollte der fehlerhafte Evaluationsbereich nach einiger Zeit (z.B. drei Monaten nach der ersten Evaluation) erneut bewertet werden, um Erkenntnisse über eine Verbesse-

---

[218] Vgl. *Kieser, Alfred et al.*, Die Einführung neuer Mitarbeiter in das Unternehmen, Neuwied (Kommentator) 2.Aufl. 1990, 32.

rung der Situation zu erhalten. Wenn die Ergebnisse in diesem Evaluationsbogen wieder wie geplant ausfallen, ist eine Integration des Evaluationsbereiches mit Missständen in den Evaluationsbogen 4 vorzunehmen.

Nach Evaluationsbogen 4:
Bei Abweichungen von Ist- und Soll-Werten in den Aussagen zur Organisation bietet sich der Einsatz von speziellen Seminaren an, in denen entsprechende Informationen zur Organisation vermittelt werden. Dabei sollte insbesondere auf den Inhalt der problemhaften Aussage(n) eingegangen werden. Wenn der Newcomer also beispielsweise mit der Geschichte der Organisation nicht vertraut ist, sollten ihm die fehlenden Inhalte im Rahmen dieses Seminars vermittelt werden.

Bei Missständen in Bezug auf Wissen über die Arbeitsgruppe sollte ein Mitglied der Arbeitsgruppe abgestellt werden, um dem Newcomer alle fehlenden Inhalte zu vermitteln (Patensystem). Bei fehlender sozialer Integration bieten sich zudem teambildende Maßnahmen an, wie beispielsweise Outdoortrainings oder soziale und sportliche Aktivitäten.

Ergeben sich noch Probleme im Bereich der Tätigkeit, empfiehlt sich der erneute Einsatz von Coaching, Mentoring oder E-Learning bzw. anderer Trainingsmaßnahmen. Nach diesem einen Jahr der Betriebszugehörigkeit sollten in diesem Bereich jedoch i.d.R. keine Schwierigkeiten mehr auftauchen.

Bei abweichenden Werten in den Bereichen organisationales Commitment oder Arbeitszufriedenheit sollte in Gesprächen mit dem Neuen versucht werden, die genauen Gründe für diese Abweichungen herauszufiltern. Ist der Newcomer beispielsweise mit seinem Arbeitsplatz sehr unzufrieden, sind Überlegungen anzustellen, ihm eine andere Stelle in der Organisation anzubieten, da sonst die Gefahr des Abgangs besteht. Außerdem können sowohl organisationales Commitment als auch Arbeitszufriedenheit durch den Einsatz von Business Trips erhöht werden.[219]

Darüber hinaus wird das Sozialisationscontrolling bei Missständen so lange fortgeführt, bis diese beseitigt sind. Es bietet sich daher an, die Evaluation im Abstand von sechs Monaten erneut durchzuführen. Erst wenn alle Primär- und Sekundäroutcomes der Sozialisation erreicht wurden, wird das Sozialisationscontrolling beendet.

---

[219] *Louis, Maryl R./Posner, Barry Z./Powell Gary N.*, The Availability and Helpfulness of Socialization Practices, in: Personnel Psychology 36 (4/1983), 857-866, 863.

4.3.4 Erfolgsbeitrag

Am Ende dieser Phase kennt der neue Mitarbeiter die Anforderungen seiner Stelle und kann seine Rolle in der Arbeitsgruppe und in der Organisation genau definieren (Rollenklarheit). Er weiß nun also, welche Aufgaben er zu erledigen hat, wie er mit Kollegen und Führungskraft umgehen muss und kann seine Autorität in der Organisation und in seiner Arbeitsgruppe einschätzen. Durch die Klärung der Rolle hat der Newcomer mittlerweile ein erhöhtes organisationales Commitment und eine geringere Fluktuationsneigung.[220]

Des Weiteren hat er nun alle Fähigkeiten und Fertigkeiten zur Ausübung seiner Tätigkeit erlernt (Handlungskompetenz). Die fachliche Integration des Neuen ist also auch an dieser Stelle erfolgreich abgeschlossen. Durch das Meistern der Herausforderungen des ersten Jahres erhöht sich überdies das organisationale Commitment der Neueinsteiger.[221]

Außerdem wurden Rollenkonflikte vermieden bzw. die Vorhandenen beseitigt. Dadurch konnte verhindert werden, dass die Arbeitszufriedenheit und das organisationale Commitment unter diesen Konflikten leiden. Auf die negativen Folgen von Rollenkonflikten wurde auch bereits in 2.1.3.4 hingewiesen.

Darüber hinaus kennt der Newcomer mittlerweile viele Kollegen, die ihn unterstützen und ihm bei Problemen weiterhelfen können. Er fühlt sich nun in der Gruppe akzeptiert und integriert (Soziale Integration). Dadurch fühlt er sich im Unternehmen wohler als noch zu Beginn, was die Motivation und die Bleibeabsicht erhöht. Des Weiteren erhöht sich durch die Integration in der Arbeitsgruppe das organisationale Commitment.[222]

Am Ende dieser Phase verfügen die Neulinge über ausreichend Wissen bezüglich der Geschichte, der Politik, der Sprache sowie der Werte und Verhaltensweisen von und in der Organisation und ihrer Arbeitsgruppe. Somit sind die Bedingungen für die Primäroutcomes Organisationaler Sozialisation nach *Haueter, Macon Hoff* und *Winter* (2003) in den Bereichen Organisation, Arbeitsgruppe und Aufgabe erreicht. Darüber hinaus verfügen die neuen Mitarbeiter über hohe Werte bei den Sekundäroutcomes organisationales Commitment und Arbeitszufriedenheit.

---

[220] Vgl. *Kammeyer-Mueller, John D./Wanberg, Connie R.*, Unwrapping the Organizational Entry Process: Disentangling Multiple Antecedents and Their Pathways to Adjustment, in: Journal of Applied Psychology 88 (5/2003), 779-794, 787.
[221] Vgl. *Wanous, John Parcher*, Organizational Entry. Recruitment, Selection, Orientation, and Socialization of Newcomers, Reading etc. (Addison-Wesley) 2.Aufl. 1992, 209.
[222] Vgl. *Drescher, Peter*, Organisationale Sozialisation. Eine Studie über das Wohlbefinden von Berufseinsteigern, Münster-New York (Waxmann) 1993, 211; *Kammeyer-Mueller, John D./Wanberg, Connie R.*, Unwrapping the Organizational Entry Process: Disentangling Multiple Antecedents and Their Pathways to Adjustment, in: Journal of Applied Psychology 88 (5/2003), 779-794, 787.

Der Newcomer akzeptiert seine Organisation und Kollegen und wird im Gegenzug als vollwertiges Organisationsmitglied anerkannt. Mittlerweile arbeitet der ehemalige Newcomer in „seinem" Unternehmen und wird vom Unternehmen als „sein" Mitarbeiter erkannt. Er weist mittlerweile, neben einem hohen Commitment gegenüber der Organisation, eine hohe Zuverlässigkeit, eine hohe Zufriedenheit und intrinsische Arbeitsmotivation auf.[223] Der Sozialisationsprozess kann als erfolgreich beurteilt und das Sozialisationscontrolling somit an dieser Stelle beendet werden.

5. Ergebnisse

5.1 Zusammenfassung

Das Sozialisationscontrolling ist ein Instrument, mit dem Frühfluktuationen vermindert und neue Mitarbeiter mit einem hohen organisationalen Commitment sozialisiert werden sollen. Es verläuft in drei zeitlich aufeinanderfolgenden Phasen, die parallel zum Sozialisationsprozess neuer Mitarbeiter in einer Organisation verlaufen:

Die erste Phase beginnt bereits vor dem Eintritt der Neulinge in die Organisation. Zu dieser Zeit mangelt es den meisten Newcomern an Informationen, was nicht selten in überhöhten Erwartungen bezüglich ihrer zukünftigen Arbeitsstelle resultiert. Aus diesem Grund kommt es in dieser Phase zum Einsatz einiger Sozialisationssteuerungsmaßnahmen (erstes Kennenlernen des Arbeitsplatzes, Informationsbroschüre etc.), durch welche die Neuen realistische Informationen erhalten sollen, um einen späteren „Realitätsschock" zu vermeiden. Nach dem Einsatz der Steuerungsmaßnahmen wird ein Evaluationsbogen zur Abfrage der Newcomererwartungen verwendet. Werden dabei Abweichungen zu den Soll-Werten deutlich, kann gezielt interveniert werden. Am Ende dieser Phase haben die Neueinsteiger realistische Erwartungen aufgebaut und erste Kontakte zu Organisationsmitgliedern knüpfen können.

---

[223] Vgl. *Kieser, Alfred et al.*, Die Einführung neuer Mitarbeiter in das Unternehmen, Neuwied (Kommentator) 2.Aufl. 1990, 35; *Wanous, John Parcher*, Organizational Entry. Recruitment, Selection, Orientation, and Socialization of Newcomers, Reading etc. (Addison-Wesley) 2.Aufl. 1992, 209.

Die zweite Phase des Instrumentes zum Sozialisationscontrolling bezieht sich auf die ersten ein bis zwei Monate im Unternehmen (Anfangszeit). Nun tritt der Neuling in die Organisation ein und muss sich erst noch an sein neues Arbeitsumfeld gewöhnen. Aus dieser Situation resultieren Orientierungslosigkeit, Stress und Unsicherheiten beim Neuen, die durch den Einsatz von Sozialisationssteuerungsmaßnahmen, wie den Peergroups oder dem Patensystem, vermindert werden sollen. Die Unterstützung des Newcomers ist in dieser Phase besonders wichtig, denn gerade in der Anfangszeit entscheidet sich oft der Ausgang der Sozialisation (Frühfluktuation oder hohe Bindung). Im Anschluss an die Steuerung wird ein Evaluationsbogen eingesetzt, der beispielsweise den Aufbau sozialer Beziehungen oder die Unterstützung des Neuen durch Führungskraft und Kollegen überprüft. Sollten sich im Soll-Ist-Vergleich Missstände ergeben, wird durch den Einsatz geeigneter Maßnahmen eingegriffen. Am Ende der Anfangszeit ist der Newcomer schon teilweise in seiner Arbeitsgruppe integriert und hat die ersten Fertigkeiten zur Ausübung seiner Tätigkeit erworben.

Die dritte Phase des Controllings umfasst die ersten ein bis zwei Jahre der Betriebszugehörigkeit. In dieser Zeit treten Rollenkonflikte auf und die Newcomer sind mit der Rollenklärung beschäftigt. Des Weiteren sollen die Neulinge nun vollständig sozial integriert werden und die üblichen Verhaltensweisen, Normen und Werte der Organisation erlernen. Zur Unterstützung in diesen Bereichen bieten sich Steuerungsmaßnahmen an, die in 4.3.2.1 beschrieben wurden (Coaching, Rollenspiele etc.). Nach ca. einem halben Jahr der Organisationsmitgliedschaft werden sowohl das Vorhandensein von Rollenkonflikten und die Rollenklärung als auch die soziale Integration und die Handlungskompetenz durch den Einsatz eines Evaluationsbogens überprüft. Werden im anschließenden Soll-Ist-Vergleich Probleme der Neulinge deutlich, bieten sich, wie in 4.3.3 genannt, einige Interventionsmöglichkeiten an. Am Ende des ersten Jahres werden die primären Sozialisationslerndimensionen und die Sozialisationssekundäroutcomes organisationales Commitment und Arbeitszufriedenheit durch die Verwendung des zweiten Evaluationsbogens dieser Phase überprüft. Sollten dabei alle Soll-Werte erfüllt sein, gilt die Sozialisation als erfolgreich und das Sozialisationscontrolling kann beendet werden. Ergeben sich hier noch Abweichungen, wird erneut interveniert und der Sozialisationsstand ein halbes Jahr später erneut getestet. Am Ende des Sozialisationscontrollings kennt der Neueinsteiger seine Rolle in der Arbeitsgruppe und der Organisation und hat alle Fähigkeiten und Fertigkeiten zur Ausübung seiner Stelle erworben. Darüber hinaus ist er vollständig sozial integriert und weist eine hohe Kenntnis über Geschichte, Normen, Werte und Verhaltensweisen der Organisation auf. Der Newcomer zeichnet sich nun durch eine starke Bindung an das Unternehmen aus, ist mit seiner Arbeitsstelle zufrieden und denkt gar nicht erst daran, die Organisation in näherer Zukunft wieder zu verlassen.

5.2 Limitationen

Ein wesentliches Problem ergibt sich bei der Messung des Sozialisationserfolgs im Sozialisationscontrolling. Dabei ist der Wahrheitsgehalt der Aussagen in einigen Fällen kritisch zu betrachten. So gestaltet es sich beispielsweise schwierig, realistische Werte für die Sekundäroutcomes Arbeitszufriedenheit und organisationales Commitment zu erhalten. Gerade in diesen Bereichen könnte es Newcomern mit geringem Commitment oder geringer Arbeitszufriedenheit schwer fallen im Evaluationsbogen niedrige Werte anzusetzen, weil sie Angst haben, dass daraus negative Folgen für sie resultieren. Daher ist es nicht auszuschließen, dass sie die Werte des Evaluationsbogens durch nicht wahrheitsgemäße Aussagen erhöhen.

Weiterhin ist eine genaue Bestimmung der Zeiträume der Controllingphasen aufgrund der verschiedenen Einflussfaktoren (verschiedene Persönlichkeiten, Biographien, Organisationskulturen etc.) auf den Sozialisationsprozess nur bedingt möglich. Aus diesem Grund konnten die Grenzen der Phasen nicht eindeutig definiert werden.

5.3 Implikationen für die Praxis

Das Sozialisationscontrollinginstrument bietet Organisationen Hilfe bei der erfolgreichen Sozialisation neuer Mitarbeiter. Gerade unter dem Aspekt der häufigen Frühfluktuation bzw. inneren Kündigung von Newcomern kann ein Controlling des Sozialisationsprozesses zu einer Verbesserung der Situation führen. Durch die Beschreibung der Steuerungs- und Kontrollmaßnahmen im Hauptteil des Buches sollte eine praktische Umsetzung des Instruments möglich sein. Dabei sollten Unternehmen versuchen, ihren Neueinsteigern im Vorfeld an die Beschäftigung realistische Informationen über die Organisation und ihre zukünftige Arbeitsstelle zu vermitteln, um Frühfluktuationen und innere Kündigungen zu vermeiden. Auch im Anschluss daran ist es sinnvoll, dass die Newcomer nicht „allein gelassen", sondern wie im vierten Kapitel beschrieben unterstützt werden. Ein funktionierendes Sozialisationscontrolling kann in diesem Zusammenhang sicherlich behilflich sein. Das Sozialisationscontrolling sollte als eine Aufgabe der Personalabteilung gesehen und in die betriebliche Personalarbeit integriert werden.

5.4 Implikationen für die Forschung

Leider gibt es noch nicht genügend empirische Studien, die den genauen Effekt der einzelnen Sozialisationssteuerungsmaßnahmen aufzeigen. Zwar gibt es solche Untersuchungen für das Mentoring oder Peergroups, dann aber i.d.R. nur zu den Sekundäroutcomes der Sozialisation, wie dem organisationalen Commitment, der Arbeitszufriedenheit oder der Fluktuationsneigung. In diesem Bereich besteht sicherlich noch Forschungsbedarf. So könnte man beispielsweise die Wirkungen vom Coaching oder von Rollenspielen auf die Sozialisationsinhaltsdimensionen (primäre Sozialisationsoutcomes) testen. Generell ist in diesem Zusammenhang zu erwähnen, dass zwar in vielen empirischen Studien die Sekundäroutcomes von Organisationaler Sozialisation getestet wurden, jedoch bisher nur wenig Konzentration auf die proximalen Outcomes (siehe 2.1.2.4) gelegt wurde.[224] Außerdem besteht noch Forschungsbedarf bezüglich des Einflusses einer erfolgreichen Sozialisation auf die Leistung neuer Mitarbeiter, da die Forschungslage hier nicht klar ist (vgl. 3.1). Darüber hinaus bietet sich eine Erweiterung des Sozialisationscontrollings um die Kostenkomponente/-dimension. So könnte beispielsweise ein Budget für den Sozialisationsprozess der Newcomer angesetzt werden, welches nicht überschritten werden darf. Die Einhaltung dieses Budgets würde dann durch ein Sozialisationskostencontrolling überprüft werden. Dafür muss jedoch zuerst die Frage über die Höhe solch eines Budgets geklärt werden. Das Budget könnte sich dabei am Nutzen des Sozialisationscontrollings errechnen lassen. Jedoch fällt es dabei schwer, den genauen Nutzen jeder einzelnen Controllingphase in Zahlen auszudrücken. Für den Gesamtnutzen des Sozialisationscontrollings (und damit das Budget) könnten die Kosten für Frühfluktuation multipliziert mit der tatsächlichen Frühfluktuationsquote des Unternehmens angesetzt werden. Darin wäre dann jedoch noch nicht der zusätzliche Nutzen einer erfolgreichen Sozialisation vorhanden (hohes Commitment, hohe Arbeitszufriedenheit etc.). Es gilt also eine Methode zu entwickeln, mit der Nutzen und Kosten der Sozialisation verglichen werden können und ein angemessenes Budget eingeplant werden kann.

---

[224] Vgl. *Haueter, Jill A./Hoff Macan, Therese/Winter, Joel*, Measurement of newcomer socialization: Construct validation of a multidimensional scale, in: Journal of Vocational Behavior 63 (1/2003), 20-39, 21.

5.5 Ausblick

Dem Thema der Sozialisation neuer Mitarbeiter wird in der Wissenschaft auch zukünftig eine große Bedeutung zukommen. Die Forschung zur Organisationalen Sozialisation wird sich in Richtung der Proaktivität von Mitarbeitern entwickeln. In diesem Bereich wurden in den letzten Jahren bereits einige Beiträge veröffentlicht (z.B. Kammeyer-Mueller & Wanberg 2003, Kim 2005, Ohly & Fritz 2007). Es ist daher anzunehmen, dass die Newcomer auch in zukünftigen Forschungsarbeiten als aktives Element im Sozialisationsprozess gesehen werden. In der Praxis sollte die erfolgreiche Sozialisation neuer Mitarbeiter an Stellenwert gewinnen. Wie bereits zu Beginn des Buches erwähnt wird der Beschaffung von Arbeitskräften weitaus mehr Beachtung geschenkt als deren Eingliederung. Aber gerade in der heutigen Zeit, mit dem „War for Talents", sollte der erfolgreichen Sozialisation dieser Talente ein ebenso großer Stellenwert zugesprochen werden, da gerade bei der Frühfluktuation qualifizierter Arbeitskräfte hohe Kosten entstehen. Wenn es die Organisationen also nicht schaffen, ihre neuen Mitarbeiter erfolgreich zu integrieren, müssen sie erneut in den „Beschaffungskrieg" ziehen. Diese Erkenntnis wird sich wohl auch in der Praxis zukünftig mehr und mehr verbreiten.

Literaturverzeichnis

Adkins, Cheryl L., Previous Work Experience and Organizational Socialization: A Longitudinal Examination, in: Academy of Management Journal 38 (3/1995), 839-862.

Ashfort, Susan J./Black, J. Stewart, Proactivity During Organizational Entry: The Role of Desire for Control, in: Journal of Applied Psychology 81 (2/1996), 199-214.

Bandura, Albert, Self-Efficacy. The Exercise of Control, New York (W.H. Freeman and Company) 6.Aufl. 2003.

Bardens, Rupert E./Loske, Karl-Heinz, Neue Technologien in Weiterbildung und Training, in: Personal 54 (01/2002), 734-737.

Bauer, Talya N./ Green, Stephen G., Testing the Combined Effects of Newcomer Information Seeking and Manager Behavior on Socialization, in: Journal of Applied Psychology 83 (1/2000), 72-83.

Bernatzeder, Petra/Krakau, Uwe/Krieger, Susanne, START-Hilfe für die Integration neuer Mitarbeiter, in: Personalführung 32 (8/1999), S.70-73.

Berthel, Jürgen/Becker, Fred G., Personal-Management. Grundzüge für Konzeptionen betrieblicher Personalarbeit, Stuttgart (Schäffer-Poeschel) 8.Aufl. 2007.

Black, J. Stewart/ Ashfort, Susan J., Fitting In or Making Jobs Fit: Factors Affecting Mode of Adjustment of New Hires, in: Human Relations 48 (4/1995), 421-437.

Blau, Gary, An Investigation of the Apprenticeship Organizational Socialization Strategy, in: Journal of Vocational Behavior 32 (2/1988), 176-195.

Brenner, Doris/Brenner, Frank, Inplacement – neue Mitarbeiter erfolgreich einarbeiten und integrieren, Köln (Deutscher Wirtschaftdienst) 2001.

Brinkmann, Ralf D./Stapf, Kurt H., Die Innere Kündigung aus der Sicht von Arbeitnehmern, in: Personal 53 (12/2001), 688-693.

Bröckermann, Reiner, Personalwirtschaft. Lehr- und Übungsbuch für Human Resource Management, Stuttgart (Schäffer-Poeschel) 4.Aufl. 2007.

Buchanan II, Bruce, Building Organizational Commitment: The Socialization of Managers in Work Organizations, in: Administrative Science Quarterly 19 (4/1974), 533-546.

Cable, Daniel M./Parsons Charles K., Socialization Tactics and Person-Organization Fit, in: Personnel Psychology 54 (1/2001), 1-23.

Chao, Georgia T. et al., Organizational Socialization: Its Content and Consequences, in: Journal of Applied Psychology 79 (5/1994), 730-743.

Chatman, Jennifer A., Matching People and Organizations: Selection and Socialization in Public Accounting Firms, in: Administrative Science Quarterly 36 (3/1991), 459-484.

Colarelli, Stephen M./Dean, Roger A., Comparative Effects of Personal and Situational Influences on Job Outcomes of New Professionals, in: Journal of Applied Psychology 72 (4/1987), 558-566.

Cooper-Thomas, Helena/Anderson, Neil, Newcomer adjustment: The Relationship between organizational socialization tactics, information acquisition and attitudes, in: Journal of Occupational and Organizational Psychology 75 (4/2002), 423-437.

Crant, J. Michael, Proactive Behavior in Organizations, in: Journal of Management 26 (3/2000), 435-462.

Drescher, Peter, Organisationale Sozialisation. Eine Studie über das Wohlbefinden von Berufseinsteigern, Münster-New York (Waxmann) 1993.

Falcione, Raymond L./Wilson, Charmaine E., Socialization Processes in Organizations, in: *Goldhaber, Gerald M./Barnett, George A.*, Handbook of Organizational Communication, Norwood-New Jersey (Ablex) 1988, 151-169.

Feldman, Daniel Charles, A Practical Program for Employee Socialization, in: Organizational Dynamics 5 (2/1976), 64-80.

Feldman, Daniel Charles, A Contingency Theory of Socialization, in: Administrative Science Quarterly 21 (3/1976), 433-452.

Feldman, Daniel Charles, The Role of Initiation Activities in Socialization, in: Human Relations 30 (11/1977), 977-990.

Fisher, Cynthia D., Social Support and Adjustment to Work: A Longitudinal Study, in: Journal of Management 11 (3/1985), 39-53.

Flanagin, Andrew J./Waldeck, Jennifer H., Technology Use and Organizational Newcomer Socialization, in: Journal of Business Communication 41 (2/2004), 137-165.

Fogarty, Timothy J./Dirsmith, Mark W., Organizational Socialization as Instrument and Symbol: An Extended Institutional Theory Perspective, in: Human Resource Development Quarterly 12 (3/2001), 247-266.

Freimuth, Joachim, Die Einführung neuer Mitarbeiter, in: Personal (5/1986), 200-203.

Haueter, Jill A./Hoff Macan, Therese/Winter, Joel, Measurement of newcomer socialization: Construct validation of a multidimensional scale, in: Journal of Vocational Behavior 63 (1/2003), 20-39.

Holton III, Elwood F., New Employee Development: A Review and Reconceptualization, in: Human Resource Development Quarterly 7 (3/1996), 233-252.

House, J. S., Work Stress and Social Support, Reading (Addison-Wesley) 1981.

Hurrelmann, Klaus, Einführung in die Sozialisationstheorie, Weinheim-Basel (Beltz) 8.Aufl. 2002.

Jones, Gareth R., Socialization Tactics, Self-Efficacy, And Newcomers' Adjustments To Organizations, in: Academy of Management Journal 29 (2/1986), 262-279.

Kammeyer-Mueller, John D./Wanberg, Connie R., Unwrapping the Organizational Entry Process: Disentangling Multiple Antecedents and Their Pathways to Adjustment, in: Journal of Applied Psychology 88 (5/2003), 779-794.

Kieser, Alfred et al., Die Einführung neuer Mitarbeiter in das Unternehmen, Neuwied (Kommentator) 2.Aufl. 1990.

Kieser, Alfred, Einarbeitung neuer Mitarbeiter, in: *von Rosenstiel, Lutz/Regnet, Erika/Domsch, Michel (Hrsg.)*, Führung von Mitarbeitern, Stuttgart (Schäffer-Poeschel) 5.Aufl 2003, 183-194.

Kim, Tae-Yeol/Cable, Daniel M./Kim, Sang-Pyo, Socialization Tactics, Employee Proactivity, and Person-Organization Fit, in: Journal of Applied Psychology 90 (2/2005), 232-241.

Klein, Howard J./Weaver, Natasha A., The Effectiveness of an Organizational-Level Orientation Training Program in the Socialization of New Hires, in: Personnel Psychology 53 (1/2000), 47-66.

Kolb, Meinulf/Wiedemann, Kilian, Einführung neuer Mitarbeiter. Strategische und wirtschaftliche Betrachtung, in: Personal 49 (4/1997), 204-211.

Kratz, Hans-Jürgen, Neue Mitarbeiter erfolgreich integrieren. Nutzen Sie ein praxiserprobtes Einführungskonzept, Wien (Ueberreuter) 1997.

Kristoff, Amy L., Person-Organization Fit: An Integrative Review of its Conceptualizations, Measurement, and Implications, in: Personnel Psychology 49 (1/1996), 1-49.

Krüger, Karl-Heinz, Integrationsschwierigkeiten im Prozess der Einarbeitung. Theoretische Konzeptualisierung und empirische Analyse von Konfliktfeldern bei der Eingliederung neuer Mitarbeiter, Diss. Universität Mannheim 1983.

Kumar, B. Pavan/Giri, Vijai N., Effect of Age and Experience on Job Satisfaction and Organizational Commitment, in: Journal of Organizational Behavior 8 (1/2009), 28-36.

Lange, Thorben, Die Integration neuer Mitarbeiter: Ein Leitfaden für die Praxis, Marburg (Tectum) 2004.

Louis, Meryl R., Surprise and Sense Making: What Newcomer Experience in Entering Unfamiliar Organizational Settings, in: Administrative Science Quarterly 25 (2/1980), 226-251.

Louis, Maryl R./Posner, Barry Z./Powell Gary N., The Availability and Helpfulness of Socialization Practices, in: Personnel Psychology 36 (4/1983), 857-866.

Major, Debra et al., A Longitudinal Investigation of Newcomer Expectations, Early Socialization Outcomes, and the Moderating Effects of Role Development Factors, in: Journal of Applied Psychology 80 (3/1995), 418-431.

Mentzel, Wolfgang, Personalentwicklung. Erfolgreich motivieren, fördern und weiterbilden, München (dtv) 2.Aufl. 2005.

Meyer, John P./Allen, Natalie L., Links between work experiences and organizational commitment during the first year of employment: A longitudinal analysis, in: Journal of Occupational Psychology 61 (3/1988), 195-209.

Mignerey, James T./Rubin Rebecca B./Gordon, William I., Organizational Entry: An Investigation of Newcomer Communication Behavior and Uncertainty, in: Communication Research 22 (2/1995), 54-85.

Morrison, Elizabeth W., Longitudinal Study of the Effects of Information Seeking on Newcomer Socialization, in: Journal of Applied Psychology 78 (2/1993), 173-183.

Morrison, Elizabeth W., Newcomer Information Seeking: Exploring Types, Modes, Sources, and Outcomes, in: Academy of Management Journal 36 (3/1993), 557-589.

Morrison, Elizabeth W., Newcomers' Relationships The Role of Social Network Ties During Socialization, in: Academy of Management Journal 45 (6/2002), 1149-1160.

Moser, Klaus/Schmook, Renate, Berufliche und organisationale Sozialisation, in: Schuler, Heinz (Hrsg.), Lehrbuch der Personalpsychologie, Göttingen etc. (Hogrefe) 2. Aufl. 2006, 231-254.

Moser, Klaus, Commitment in Organisationen, Bern etc. (Hans Huber) 1996.

Mowday, Richard T./Steers, Richard M./Porter Lyman W., The Measurement of Organizational Commitment, in: Journal of Vocational Behavior 14 (2/1979), 224-247.

Müller, Marius, Mitarbeiterintegration wird zum Kinderspiel, in: Personalwirtschaft (1/2002), 24-26.

Nelson, Debra L., Organizational socialization: A stress perspective, in: Journal of Occupational Behaviour 8 (4/1987), 311-324.

Nelson, Debra L./Quick, James C., Social support and newcomer adjustment in organizations: Attachment theory at work?, in: Journal of Organizational Behavior 12 (4/1991), 543-554.

Ohly, Sandra/ Fritz, Charlotte, Challenging the status quo: What motivates proactive behaviour?, in: Journal of Occupational and Organizational Psychology 80 (4/2007), 623-629.

O'Reilly III, Charles A./Caldwell, David F., Job Choice: The Impact of Intrinsic and Extrinsic Factors on Subsequent Satisfaction and Commitment, in: Journal of Applied Psychology 65 (5/1980), 559-565.

Ostroff, Cheri/Kozlowski, Steve W. J., Organizational Socialization as a Learning Process: The Role of Information Acquisition, in: Personnel Psychology 45 (4/1992), 849-874.

Preißler, Peter R., Controlling. Lehrbuch und Intensivkurs, München-Stuttgart (Oldenbourg) 8.Aufl. 1996.

Porter, Lyman W. et al., Organizational Commitment, Job Satisfaction, and Turnover Among Psychiatric Technicians, in: Journal of Applied Psychology 59 (5/1974), 603-609.

Porter, Lyman W./Lawler III, Edward E./Hackman, J. Richard, Behavior in Organizations, Tokio et al. (McGraw-Hill) 1975.

Rehn, Marie-Luise, Die Eingliederung neuer Mitarbeiter. Eine Längsschnittstudie zur Anpassung an Normen und Werte der Arbeitsgruppe, München-Mering (Hamp) 1990.

Rehn, Marie-Luise, Die Eingliederung neuer Mitarbeiter, in: *Moser, Klaus/Stehle, Willi/Schuler, Heinz*, Personalmarketing. Beiträge zur Organisationspsychologie 9, Göttingen-Stuttgart (Angewandte Psychologie) 1993.

Reichers, Arnon E., An Interactionist Perspective on Newcomer Socialization Rates, in: Academy of Management Review 12 (2/1987), 278-287.

Rizzo, John R./House, Robert J./Lirtzman, Sidney I., Role Conflict and Ambiguity in Complex Organizations, in: Administrative Science Quarterly 15 (2/1970), 150-163.

Saks, Alan M./Ashfort Blake E., Organizational Socialization: Making Sense of the Past and Present as a Prologue for the Future, in: Journal of Vocational Behavior 51 (2/1997), 234-279.

Schanz, Günther, Personalwirtschaftslehre, Vahlen (München) 2.Aufl. 1993.

Scholz, Christian, Personalmanagement. Informationsorientierte und verhaltenstheoretische Grundlagen, München (Vahlen) 3.Aufl. 1993.

Scholz, Christian, Personalmanagement. Informationsorientierte und verhaltenstheoretische Grundlagen, München (Vahlen) 5.Aufl. 2000.

Scholz, Christian/Stein, Volker, Humankapital messen, in: Personal 57 (4/2006), 8-11.

Settoon, Randall P./Adkins, Cheryl L., Newcomer Socialization: The Role of Supervisors, Coworkers, Friends and Family Members, in: Journal of Business and Psychology 11 (4/1997), 507-516.

Stenzel, Stefan, Coaching und Supervision, in: *Bröckermann, Reiner/Müller-Vorbrüggen, Michael*, Handbuch Personalentwicklung. Die Praxis der Personalbildung, Personalförderung und Arbeitsstrukturierung, Stuttgart (Schäffer-Poeschel) 2.Aufl. 2008, 367-389.

Stiefel, Rolf Th., Planung und Durchführung von Induktionsprogrammen. Die Einführung neuer Mitarbeiter als Instrument der Integration und Innovation, München (Ölschläger) 1979.

Taormina, Robert J., The Organizational Socialization Inventory, in: International Journal of Selection and Assessment 2 (3/1994), 133-145.

Taormina, Robert J., Organizational Socialization: A Multidomain, Continuous Process Model, in: International Journal of Selection and Assessment 5 (1/1997), 29-47.

Taormina, Robert J., Convergent validation of two measures of organizational socialization, in: International Journal of Human Resource Management 15 (1/2004), 76-94.

Thommen, Jean-Paul, Coaching als Instrument der Personalentwicklung, in: Thom, Norbert/Zaugg, Robert J.(Hrsg.), Moderne Personalentwicklung. Mitarbeiterpotenziale erkennen, entwickeln und fördern, Wiesbaden (Gabler) 2006, 133-156.

Van Maanen, John/Schein, Edgar H., Toward a Theory of Organizational Socialization, in: http://dspace.mit.edu/bitstream/handle/1721.1/1934/SWP-0960-03581864.pdf?sequence=1, 1979, abgerufen am 18.12.2008.

Veith, Hermann, Sozialisation, München-Basel (Ernst Reinhardt) 2008.

Verfürth, Claus, Einarbeitung, Integration und Anlernen neuer Mitarbeiter, in: *Bröckermann, Reiner/Müller-Vorbrüggen, Michael*, Handbuch Personalentwicklung. Die Praxis der Personalbildung, Personalförderung und Arbeitsstrukturierung, Stuttgart (Schäffer-Poeschel) 2.Aufl. 2008, 131-150.

Wanberg, Connie R./Kammeyer-Mueller, John D., Predictors and Outcomes of Proactivity in the Socialization Process, in: Journal of Applied Psychology 85 (3/2000), 373-385.

Wanous, John Parcher, Organizational Entry. Recruitment, Selection, Orientation, and Socialization of Newcomers, Reading etc. (Addison-Wesley) 2.Aufl. 1992.

Wanous, John Parcher/Colella, Adrienne, Organizational Entry Research: Current Status and Future Directions, in: Ferris, Gerald R./Rowland, Kendrith M., Research in Personnel and Human Resources Management, Greenwich-London (Jai Press) 1989, 59-120.

Wanous, John Parcher/Reichers, Arnon E., New Employee Orientation Programs, in: Human Resource Management Review 10 (4/2000), 435-451.

Weirauch, Petra/Herrmann, Susanne, E-Start bei Siemens, in: Personalwirtschaft (3/2002), 36-39.

Wunderer, Rolf/Jaritz, André, Unternehmerisches Personalcontrolling. Evaluation der Wertschöpfung im Personalmanagement, München (Luchterhand) 3.Aufl. 2006.

Wunderer, Rolf/Kuhn, Thomas (Hrsg.), Innovatives Personalmanagement. Theorie und Praxis unternehmerischer Personalarbeit, Neuwied-Kriftel-Berlin (Luchterhand) 1995.

Zahrly, Jan/Tosi, Henry, The differential effect of organizational induction process on early work role adjustment, in: Journal of Organizational Behaviour 10 (1/1989), 59-74.

Anhang

Evaluationsbogen 1

Es ist unser Anliegen, Sie so gut wie möglich in unserem Unternehmen zu sozialisieren. Aus diesem Grund bitten wir Sie, den folgenden Evaluationsbogen wahrheitsgemäß auszufüllen, um uns die Möglichkeit zu geben Sie in ihrem Sozialisationsprozess besser unterstützen zu können. Die Aussagen in diesem Evaluationsbogen beziehen sich auf die Erwartungen, die sie bezüglich ihres neuen Arbeitsplatzes haben. Alle Daten werden vertraulich behandelt. Der Evaluationsbogen wird direkt an den Sozialisationscontroller weitergegeben, so dass die Ergebnisse gegenüber ihrer Führungskraft und ihren Kollegen anonym bleiben.

Bitte beurteilen Sie die Aussagen auf einer Skala von eins bis fünf, wobei

1 = ich stimme absolut nicht zu   4 = ich stimme weitgehend zu

2 = ich stimme wenig zu   5 = ich stimme voll zu

3 = ich stimme teilweise zu   bedeutet.

Zur Organisation:

Ich erwarte...
1. ... ein fest strukturiertes Einarbeitungsprogramm. 1 2 3 4 5

2. ... eine individuell auf meine Bedürfnisse zugeschnittene Einarbeitung. 1 2 3 4 5
3. ... gute Aufstiegsmöglichkeiten und Karrierechancen. 1 2 3 4 5

4. ... eine ausgezeichnete Förderung der Mitarbeiter (z.B. durch Weiterbildungen). 1 2 3 4 5
5. ... ein sozial eingestelltes Unternehmen (z.B. Engagement bei Hilfsprojekten). 1 2 3 4 5
6. ... ein Unternehmen mit modernsten Techniken (z.B. EDV). 1 2 3 4 5

7. ... ein Unternehmen mit flacher Hierarchie. 1 2 3 4 5

8. ... ein Unternehmen mit einem mitarbeiterorientierten Führungsstil. 1 2 3 4 5
9. ... ein Unternehmen mit hohem Leistungsdruck. 1 2 3 4 5

10. ... eine flexible Arbeitszeitenregelung. 1 2 3 4 5

11. ... hervorragende Arbeitsbedingungen (z.B. eigener PC vorhanden, großes Büro). 1 2 3 4 5
12. ... eine überdurchschnittliche Bezahlung. 1 2 3 4 5

Zur Arbeitsgruppe:

Ich erwarte...

13. ... während der Arbeitszeit viel Kontakt zu den Kollegen meiner Arbeitsgruppe.   1   2   3   4   5

14. ... in einer kleinen Arbeitsgruppe zu arbeiten.   1   2   3   4   5

15. ... in der Anfangszeit bereits alle Kollegen meiner Abteilung kennen zu lernen.   1   2   3   4   5

16. ... überwiegend im Team zu arbeiten.   1   2   3   4   5

17. ... viel Unterstützung durch die Kollegen (z.B. Ratschläge) zu erhalten.   1   2   3   4   5

18. ... dass sich in der Anfangszeit besonders viel Zeit für mich genommen wird.   1   2   3   4   5

19. ... schon zu Beginn an wichtigen Entscheidungen meiner Arbeitsgruppe beteiligt zu werden.   1   2   3   4   5

20. ... oft auf mich alleine gestellt zu sein.   1   2   3   4   5

21. ... oft direkten Kontakt zur Führungskraft zu haben.   1   2   3   4   5

22. ... viel Unterstützung durch den Vorgesetzten zu erhalten.   1   2   3   4   5

23. ... genaue Anweisungen durch den Vorgesetzten zu bekommen.   1   2   3   4   5

24. ... Feedback für meine Leistungen zu erhalten.   1   2   3   4   5

Zur Aufgabe:

Ich erwarte...

25. ... eine anspruchsvolle Tätigkeit (hohe Qualifikationen benötigt).   1   2   3   4   5

26. ... eine hohe körperliche Belastung.   1   2   3   4   5

27. ... ein hohe psychische Belastung (nervliche Belastung).   1   2   3   4   5

28. ... eine vielfältige/ abwechselungsreiche Tätigkeit.   1   2   3   4   5

29. ... unter hohem Zeitdruck zu arbeiten.   1   2   3   4   5

30. ... zielgerichtet arbeiten zu können.   1   2   3   4   5

31. ... viele Überstunden machen zu müssen.   1   2   3   4   5

32. ... stets neue Dinge bei der Arbeit zu lernen.   1   2   3   4   5

33. ... ein hohes Maß an Selbstbestimmung/ Autonomie.	1	2	3	4	5
34. ... meine Kreativität nutzen und einbringen zu dürfen.	1	2	3	4	5
35. ... schnell Verantwortung übernehmen zu können.	1	2	3	4	5
36. ... eine genaue Vorgabe der Arbeitschritte.	1	2	3	4	5

37. Haben Sie noch weitere Erwartungen an ihre neue Arbeitsstelle bzw. das Unternehmen, die noch nicht genannt wurden? Wenn ja, bitte schildern Sie diese kurz:

_____
_____
_____
_____
_____
_____
_____
_____
_____
_____

Evaluationsbogen 2

Es ist unser Anliegen, Sie so gut wie möglich in unserem Unternehmen zu sozialisieren. Aus diesem Grund bitten wir Sie, den folgenden Evaluationsbogen wahrheitsgemäß auszufüllen, um uns die Möglichkeit zu geben Sie in ihrem Sozialisationsprozess besser unterstützen zu können. Alle Daten werden vertraulich behandelt. Der Evaluationsbogen wird direkt an den Sozialisationscontroller weitergegeben, so dass die Ergebnisse gegenüber ihrer Führungskraft und ihren Kollegen anonym bleiben.

Bitte beurteilen Sie die Aussagen auf einer Skala von eins bis fünf, wobei

1 = ich stimme absolut nicht zu   4 = ich stimme weitgehend zu
2 = ich stimme wenig zu   5 = ich stimme voll zu
3 = ich stimme teilweise zu   bedeutet.

Soziale Kontakte und Unterstützung:

1. Ich kenne bereits einige Kollegen, die ich um Rat fragen kann.   1 2 3 4 5
2. Ich fühle mich in meiner Arbeitsgruppe herzlich aufgenommen.   1 2 3 4 5
3. Mir wurde von Anfang an beim Aufbau sozialer Kontakte geholfen.   1 2 3 4 5
4. Die Kollegen sagen mir offen, wenn ich etwas falsch gemacht habe.   1 2 3 4 5
5. Ich fühle mich in meiner Arbeitsgruppe noch als Außenseiter.   1 2 3 4 5
6. Ich habe das Gefühl, meine Meinung offen äußern zu dürfen.   1 2 3 4 5
7. Ich erhalte in meiner Anfangszeit viel Unterstützung durch meine Führungskraft.   1 2 3 4 5
8. Ich bekomme viel Feedback von meiner Führungskraft.   1 2 3 4 5
9. Ich habe das Gefühl, in meiner Arbeitsgruppe von einigen nicht gemocht zu werden.   1 2 3 4 5

Proaktives Verhalten:

10. Ich bemühe mich sehr um den Aufbau sozialer Kontakte.   1 2 3 4 5
11. Ich frage Kollegen bzw. meine Führungskraft oft um Rat oder Informationen.   1 2 3 4 5
12. Ich beobachte das Verhalten meiner Kollegen in wichtigen Situationen.   1 2 3 4 5

13. Ich versuche viel Feedback von meiner Führungskraft   1   2   3   4   5
zu erhalten.

Tätigkeit:

14. Ich habe die ersten Grundlagen meiner Arbeit verstanden.   1   2   3   4   5

15. Ich bin nach wie vor sehr an meiner Arbeit interessiert.   1   2   3   4   5

16. Mir wurden bereits einige Bestandteile meiner Tätigkeit   1   2   3   4   5
deutlich erklärt.

17. Ich kann bereits einige Aufgaben meiner Stelle erledigen.   1   2   3   4   5

Fluktuationsabsicht:

18. Ich denke oft darüber nach, meine Stelle in naher Zukunft   1   2   3   4   5
wieder zu verlassen.

Bitte beantworten Sie die drei folgenden Aussagen auf der dreistufigen Skala, wobei

1 = ich wurde negativ überrascht   3 = ich wurden positiv überrascht

2 = meine Erwartungen sind eingetroffen   bedeutet.

Erwartungen:

19. Meine Erwartungen zur Organisation   1   2   3

20. Meine Erwartungen zur Arbeitsgruppe   1   2   3

21. Meine Erwartungen zur Tätigkeit   1   2   3

22. Haben Sie noch weitere Bedenken, Probleme oder Anregungen? Wenn ja, bitte nennen Sie diese hier:

_____
_____
_____
_____
_____
_____
_____
_____
_____
_____

Evaluationsbogen 3

Es ist unser Anliegen, Sie so gut wie möglich in unserem Unternehmen zu sozialisieren. Aus diesem Grund bitten wir Sie, den folgenden Evaluationsbogen wahrheitsgemäß auszufüllen, um uns die Möglichkeit zu geben Sie in ihrem Sozialisationsprozess besser unterstützen zu können. Alle Daten werden vertraulich behandelt. Der Evaluationsbogen wird direkt an den Sozialisationscontroller weitergegeben, so dass die Ergebnisse gegenüber ihrer Führungskraft und ihren Kollegen anonym bleiben.

Bitte beurteilen Sie die Aussagen auf einer Skala von eins bis sieben, wobei

1 = ich stimme absolut nicht zu
2 = ich stimme kaum zu
3 = ich stimme eher nicht zu
4 = ich stimme teilweise zu
5 = ich stimme eher zu
6 = ich stimme weitgehend zu
7 = ich stimme voll zu
bedeutet.

Rollenklarheit:

1. Ich kann meine Autorität in der Organisation genau einschätzen. 1 2 3 4 5 6 7
2. Ich kenne die Autorität, die ich in meiner Arbeitsgruppe besitze. 1 2 3 4 5 6 7
3. Für meinen Arbeitstelle existieren klare, geplante Ziel. 1 2 3 4 5 6 7
4. Ich weiß meine Zeit passend einzuteilen. 1 2 3 4 5 6 7
5. Ich kenne meine Verantwortungen. 1 2 3 4 5 6 7
6. Ich weiß genau, was von mir erwartet wird. 1 2 3 4 5 6 7
7. Es ist klar definiert, was ich zu tun habe. 1 2 3 4 5 6 7

Rollenkonflikt:

8. Ich muss Arbeiten auf eine Arte und Weise durchführen, die mir nicht sinnvoll erscheint. 1 2 3 4 5 6 7
9. Ich bekomme oft nicht die nötigen Ressourcen (z.B. genügend Mitarbeiter, Materialien) gestellt, die zur Erledigung meiner Aufgaben benötigt werden. 1 2 3 4 5 6 7
10. Ich erhalte unvereinbare Anweisungen von verschiedenen Personen. 1 2 3 4 5 6 7

11. Ich muss Sachen tun, die von einigen akzeptiert werden, von anderen aber nicht.	1	2	3	4	5	6	7
12. Ich arbeite in meinem Job oft an unnötigen Dingen.	1	2	3	4	5	6	7
13. Ich muss bei der Ausführung einiger Tätigkeiten gegen eine Regel oder einen Grundsatz verstoßen.	1	2	3	4	5	6	7
14. Ich arbeite mit zwei oder mehreren Gruppen zusammen, die in ihrer Arbeitsweise unterschiedlich vorgehen.	1	2	3	4	5	6	7
15. Ich weiß nicht, wie mein Vorgesetzter meine Leistungen bewertet.	1	2	3	4	5	6	7
16. Ich fühle mich in meiner Tätigkeit überbelastet (zu viel Arbeit etc.).	1	2	3	4	5	6	7
17. Ich fühle mich in meiner Tätigkeit nicht ausgelastet (Langeweile etc.).	1	2	3	4	5	6	7
18. Ich bin mit den formalen Richtlinien der Organisation sehr unzufrieden.	1	2	3	4	5	6	7
19. Ich bin mit dem Handlungsspielraum meiner Tätigkeit sehr unzufrieden.	1	2	3	4	5	6	7
20. Ich muss Dinge tun, zu denen ich nicht befugt bin.	1	2	3	4	5	6	7
21. Meine Ideen finden in der Arbeitsgruppe keine Beachtung.	1	2	3	4	5	6	7
22. Ich erledige Tätigkeiten, die mit meinen Werten nicht vereinbar sind.	1	2	3	4	5	6	7
23. Ich bekomme oft nur unklare Anweisungen.	1	2	3	4	5	6	7

Soziale Beziehungen:

24. Ich freue mich jeden Tag darauf, mit meinen Kollegen zusammen zu sein.	1	2	3	4	5	6	7
25. Ich fühle mich in der Gegenwart meiner Kollegen wohl.	1	2	3	4	5	6	7
26. Ich fühle mich in der Gegenwart meiner Arbeitsgruppenkollegen akzeptiert.	1	2	3	4	5	6	7
27. Ich werde in meiner Arbeitsgruppe leicht als „einer aus der Gang/Arbeitsgruppe" identifiziert.	1	2	3	4	5	6	7
28. Ich verspüre nicht, dass ich mit meinen Kollegen viel gemeinsam habe.	1	2	3	4	5	6	7
29. Ich fühle eine geringe Bindung zu meinen Kollegen.	1	2	3	4	5	6	7
30. Ich fühle mich oft als ein Außenseiter, wenn ich mit meinen Kollegen zusammen bin.	1	2	3	4	5	6	7

Skill Acquisition:

31. Ich fühle mich dazu in der Lage, die Tätigkeiten meiner Stelle erledigen zu können.	1	2	3	4	5	6	7
32. Es dauert bei mir in der Regel länger als geplant, bis ich meine Arbeitstätigkeiten erledigt habe.	1	2	3	4	5	6	7
33. Ich mache bei der Ausführung meiner Arbeit selten Fehler.	1	2	3	4	5	6	7
34. Ich bin von der Angemessenheit meiner Fähigkeiten und Fertigkeiten überzeugt.	1	2	3	4	5	6	7

35. Haben Sie noch weitere Bedenken, Probleme oder Anregungen? Wenn ja, welche?

_____
_____
_____
_____
_____
_____
_____
_____
_____
_____

Evaluationsbogen 4

Es ist unser Anliegen, Sie so gut wie möglich in unserem Unternehmen zu sozialisieren. Aus diesem Grund bitten wir Sie, den folgenden Evaluationsbogen wahrheitsgemäß auszufüllen, um uns die Möglichkeit zu geben Sie in ihrem Sozialisationsprozess besser unterstützen zu können. Alle Daten werden vertraulich behandelt. Der Evaluationsbogen wird direkt an den Sozialisationscontroller weitergegeben, so dass die Ergebnisse gegenüber ihrer Führungskraft und ihren Kollegen anonym bleiben.

Bitte beurteilen Sie die Aussagen auf einer Skala von eins bis sieben, wobei

1 = ich stimme absolut nicht zu   5 = ich stimme eher zu
2 = ich stimme kaum zu   6 = ich stimme weitgehend zu
3 = ich stimme eher nicht zu   7 = ich stimme voll zu
4 = ich stimme teilweise zu   bedeutet.

Organisation:

1. Ich kenne die Namen aller Produkte/ Dienstleistungen der Organisation.   1   2   3   4   5   6   7
2. Ich kenne die Geschichte meiner Organisation (z.B. wer sie gründete und wann dies war, wie alles angefangen hat).   1   2   3   4   5   6   7
3. Ich bin mit der Struktur der Organisation vertraut (z.B. wie die einzelnen Abteilungen zusammenhängen).   1   2   3   4   5   6   7
4. Ich kenne die Funktionsweise der Organisation (z.B. wer macht was, wie tragen die verschiedenen Unternehmensbereiche und Tochterunternehmen zum Erfolg der Organisation bei?).   1   2   3   4   5   6   7
5. Ich bin mit den Werten und Zielen der Organisation vertraut.   1   2   3   4   5   6   7
6. Ich verstehe wie die einzelnen Abteilungen zum Unternehmenserfolg beitragen.   1   2   3   4   5   6   7
7. Ich kenne den Beitrag meines Jobs zum Unternehmenserfolg.   1   2   3   4   5   6   7
8. Ich weiß, wie ich mich in der Organisation zu verhalten habe, um in das Wertesystem der Organisation zu passen.   1   2   3   4   5   6   7
9. Ich kenne die Regeln, die innerhalb der Organisation gelten (z.B. Dress Code, Rauchverbot).   1   2   3   4   5   6   7
10. Ich kenne die interne Politik im Unternehmen (wer entscheidet über was, wer hat Einfluss etc.).   1   2   3   4   5   6   7

11. Ich verstehe den generellen Führungsstil. 1 2 3 4 5 6 7
    (top-down, partizipativ) des Unternehmens
12. Die Firmeneigene „Sprache" ist mir geläufig 1 2 3 4 5 6 7
    (z.B. Abkürzungen, Spitznamen).

Arbeitsgruppe:

13. Ich kenne den Beitrag meiner Arbeitsgruppe 1 2 3 4 5 6 7
    zum Organisationserfolg.
14. Ich kenne die Ziele meiner Arbeitsgruppe. 1 2 3 4 5 6 7

15. Ich kenne die Beziehungen zwischen meiner 1 2 3 4 5 6 7
    Arbeitsgruppe und anderen Gruppen.
16. Ich kenne die Expertise 1 2 3 4 5 6 7
    (z.B. Fertigkeiten, Wissen), die jedes
    Gruppenmitglied in die Arbeitsgruppe einfließen lässt.
17. Ich kann einschätzen, wie die Leistung 1 2 3 4 5 6 7
    eines jeden Mitgliedes meiner Arbeitsgruppe
    zur Erreichung der Ziele beiträgt.
18. Ich weiß genau, was unsere Führungskraft 1 2 3 4 5 6 7
    von meiner Arbeitsgruppe erwartet.
19. Ich kenne den Führungsstil unserer 1 2 3 4 5 6 7
    Führungskraft.
20. Ich kenne meine Rolle in der Arbeitsgruppe. 1 2 3 4 5 6 7

21. Wenn wir als Gruppe zusammen arbeiten, 1 2 3 4 5 6 7
    weiß ich, wie Aufgaben gemäß der Standards
    der Gruppe erledigt werden.
22. Ich bin mit den Regeln und Arbeitsabläufen 1 2 3 4 5 6 7
    meiner Arbeitsgruppe vertraut.
23. Ich verstehe, wie ich mich gemäß der Werte 1 2 3 4 5 6 7
    und Ideale meiner Arbeitsgruppe verhalten sollte.
24. Ich verstehe die interne Politik meiner 1 2 3 4 5 6 7
    Arbeitsgruppe (wer entscheidet über was, wer
    hat Einfluss, was muss getan werden um
    hohes Ansehen zu erlangen etc.).
25. Ich kenne die Geschichte meiner 1 2 3 4 5 6 7
    Arbeitsgruppe.
26. Ich habe einige Freunde in meiner 1 2 3 4 5 6 7
    Arbeitsgruppe.

Aufgabe:

27. Ich kenne die Verantwortlichkeiten und Aufgaben meiner Stelle.	1	2	3	4	5	6	7
28. Ich verstehe, wie die Tätigkeiten meiner Stelle erledigt werden.	1	2	3	4	5	6	7
29. Ich verstehe welche Tätigkeiten und Verantwortlichkeiten meiner Stelle Priorität besitzen.	1	2	3	4	5	6	7
30. Ich kann mit allen Werkzeugen meiner Arbeit umgehen (Email, Voice mail, Software, Programme etc.).	1	2	3	4	5	6	7
31. Ich weiß, wie ich an Ressourcen komme, die zur Ausübung meines Jobs benötigt werden (Ausstattung, Vorräte etc.).	1	2	3	4	5	6	7
32. Ich weiß, wen ich um Unterstützung beten kann, wenn ich sie benötige.	1	2	3	4	5	6	7
33. Ich weiß, wer meine Kunden/Abnehmer sind (intern und extern).	1	2	3	4	5	6	7
34. Ich weiß, wie ich die Bedürfnisse meiner Kunden/Abnehmer treffe.	1	2	3	4	5	6	7
35. Ich weiß, wann ich meinen Vorgesetzten über meine Arbeit informieren muss (täglich, wöchentlich, monatlich etc.).	1	2	3	4	5	6	7
36. Ich weiß, wann meine Leistung als akzeptabel angesehen wird (was mein Vorgesetzter erwartet).	1	2	3	4	5	6	7
37. Ich weiß, wie die Formulare auszufüllen und andere Papierarbeiten zu erledigen sind, die mit meinem Job zu tun haben.	1	2	3	4	5	6	7
38. Ich kenne alle spezifischen Ausdrücke, die mit meiner Arbeit zusammenhängen.	1	2	3	4	5	6	7

Organisationales Commitment:

39. Ich bin bereit, über das normale Ausmaß hinweg, für den Erfolg dieser Organisation zu arbeiten.	1	2	3	4	5	6	7
40. Ich erzähle meinen Freuden gerne wie großartig meine Organisation ist.	1	2	3	4	5	6	7
41. Ich empfinde sehr wenig Loyalität gegenüber dieser Organisation.	1	2	3	4	5	6	7
42. Ich würde fast jede Art von Arbeitstätigkeit akzeptieren, um weiterhin für diese Organisation arbeiten zu können.	1	2	3	4	5	6	7

43. Ich denke, dass meine Wertevorstellungen und die der Organisation sehr ähnlich sind.	1	2	3	4	5	6	7
44. Ich bin stolz darauf erzählen zu können, ein Teil dieser Organisation zu sein.	1	2	3	4	5	6	7
45. Ich würde genauso gerne für eine andere Organisation arbeiten, wenn die Art der Arbeit ähnlich wäre.	1	2	3	4	5	6	7
46. Diese Organisation inspiriert mich zu Höchstleistungen.	1	2	3	4	5	6	7
47. Es müsste sich in meinen jetzigen Leben nur sehr wenig verändern, um mich dazu zu bringen, diese Organisation zu verlassen.	1	2	3	4	5	6	7
48. Ich bin sehr froh, dass ich mich für diese Organisation und nicht für eine andere entschieden habe.	1	2	3	4	5	6	7
49. Es bringt nicht viel, sehr lange in dieser Organisation zu bleiben.	1	2	3	4	5	6	7
50. Ich finde es oft schwierig, mit der Politik dieser Organisation in Bezug auf seine Mitarbeiter überein zustimmen.	1	2	3	4	5	6	7
51. Ich mache mir wirklich Gedanken um das Schicksal dieser Organisation.	1	2	3	4	5	6	7
52. Für mich ist dies die beste Organisation, für die man arbeiten kann.	1	2	3	4	5	6	7
53. Die Entscheidung, für diese Organisation zu arbeiten, war ein klarer Fehler von mir.	1	2	3	4	5	6	7

Arbeitszufriedenheit:

54. In bin mit meiner Arbeitsstelle insgesamt sehr zufrieden.	1	2	3	4	5	6	7
55. Ich würde eine andere, für mich idealere Stelle bevorzugen.	1	2	3	4	5	6	7